Anja Völkel

Zauberhafte Weihnachtsbäckerei – glutenfrei

Gedruckt auf
100% Recyclingpapier

Anja Völkel

Zauberhafte Weihnachtsbäckerei – glutenfrei

illustriert von Lisa Apfelbacher

pala verlag

Inhalt

Zauberhafte Weihnachtsbäckerei – glutenfrei

Die Weihnachtszeit beginnt! Der Adventskranz wird gebunden, der Adventskalender gefertigt und man hört die ersten Weihnachtslieder im Radio. Der Advent ist neben dem Weihnachtsfest eine ganz besondere Zeit im Jahr. Man hat Gelegenheit, zu lesen, Weihnachtsgrüße an die Familie, Freunde, Verwandte und Bekannte zu versenden, aber auch Zeit für Besinnlichkeit und Ruhe sowie über die eigentliche Bedeutung von Weihnachten nachzudenken.

Und was wäre Weihnachten ohne lecker duftendes Gebäck? Wenn der warme Duft der Gewürze Zimt, Anis und Kardamom durch die Häuser zieht, ist die wundervolle Adventszeit gekommen, und Kinder wie Erwachsene werden vom besonderen Zauber dieser Zeit getragen. Der köstliche Plätzchenduft aus dem Ofen verführt jede Naschkatze zum Backen und Probieren. Es macht viel Spaß, all die Leckereien zu zaubern, und genauso viel Freude, in den Wochen vor Weihnachten hübsche Basteleien zu fertigen, während man die ersten selbst gebackenen Plätzchen oder Lebkuchen probiert.

Gleichzeitig ist die Adventszeit meist eine stressige Zeit. Man muss noch so viel erledigen, bis dann endlich der Weihnachtsabend gekommen ist, an dem sich die ganze Familie gemütlich zusammensetzen kann.

Damit auch alle, die von Zöliakie oder Glutenunverträglichkeit betroffen sind, selbst gebackene Plätzchen genießen können, habe ich in diesem Buch meine besten Rezepte für die glutenfreie Weihnachtsbäckerei zusammengestellt. Sie sollen Ihnen die Arbeit etwas erleichtern und viele Anregungen geben. Die Rezepte erfordern keine glutenfreien Spezialmehle, sind einfach gehalten, sodass sie jedem gelingen werden und die ganze Familie am Schluss das Gute aus der Weihnachtsbackstube genießen kann.

Ich wünsche Ihnen viel Spaß beim Backen!

Anja Völkel

Zöliakie, Glutenunverträglichkeit und glutenfreie Alternativen beim Backen

Wer von Zöliakie oder Glutenunverträglichkeit betroffen ist, kann Gluten, ein Stoffgemisch aus Eiweißen, das vor allem in Weizen, Roggen und Gerste enthalten ist, nicht verdauen.

Gluten, auch Klebereiweiß genannt, setzt sich aus Eiweißen der Prolamine und Gluteline zusammen, die natürlicherweise als Reservestoffe in den Samen der genannten Getreide und in Hafer enthalten sind. Vermischt man glutenhaltiges Getreidemehl mit Wasser, so entsteht ein Teig in Form einer gummiartigen, klebrigen, elastischen Masse. Beim Backen sorgt Gluten zusammen mit der verkleisternden Stärke des Getreidekorns dafür, dass der Teig elastisch und locker aufgeht und Flüssigkeit bindet.

Bei Menschen mit Zöliakie oder Glutenunverträglichkeit führt die Aufnahme glutenhaltiger Nahrung zu einer Schädigung des Dünndarms. Die Dünndarmschleimhaut verändert sich so stark, dass Nährstoffe vom Körper nicht mehr in ausreichender Menge aufgenommen werden und Mangelerscheinungen auftreten können. Als Behandlung kommt nur der dauerhafte Verzicht auf glutenhaltige Nahrungsmittel in Frage. Insbesondere beim Backen und überall dort, wo glutenhaltige Mehle zum Einsatz kommen, steht man als Betroffener vor der Herausforderung, mit glutenfreien Alternativen ein gutes Ergebnis zu erhalten. Fertige Spezialmehle und Backmischungen enthalten oft zahlreiche Zusätze, isolierte Stärke und Auszugsmehle. Möchte man darauf verzichten, wird es kniffelig.

Vorteilhaft ist es, beim glutenfreien Backen je nach gewünschtem Ergebnis verschiedene glutenfreie Mehle zu mischen. Die Teigeigenschaften lassen sich zudem verbessern, indem man etwas mehr Flüssigkeit sowie Verdickungsmittel oder Bindemittel wie Johannisbrotkernmehl und Guarkernmehl, gequollenen Leinsamen, gemahlene Erdmandeln oder Flohsamenschalen hinzufügt. Eine einzige, für alle Gelegenheiten gleich gut geeignete glutenfreie Mischung als einfacher Weizenmehlersatz gibt es nicht.

Gute Alternativen für glutenhaltige Mehle beim Backen sind alle glutenfreien Getreide und Pseudogetreide wie Mais, Reis, Hirse, Buchweizen, Amarant und Quinoa. Wertvolle Mehle lassen sich aber auch aus anderen Lebensmitteln herstellen, zum Beispiel aus Edelkastanien, Kokosnüssen, Kartoffeln oder Hülsenfrüchten wie Kichererbsen, Sojabohnen oder Linsen. Auch Gemüse wie Kürbis sowie Nüsse und Saaten dienen zur Herstellung glutenfreier Teige.

Kleine Warenkunde

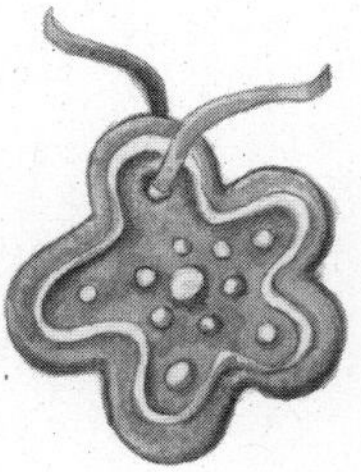

Mehle

Das Wort »Getreide« leitet sich vom mittelhochdeutschen Begriff »getregede« ab, was »das (von der Erde) Getragene« bedeutet. Seit mehr als 10 000 Jahren baut der Mensch Getreide an. Es ist eine Grundlage der sesshaften Zivilisationsentwicklung. Der Mensch kam auf den Geschmack des Getreides und erkannte es als wichtiges Nahrungsmittel. Das erste gesäuerte Brot wurde vermutlich von den alten Ägyptern am Nil vor mehr als 5000 Jahren gebacken, bereits viel früher waren gebackene Fladenbrote bekannt. Im Laufe der Jahrtausende entwickelte sich weltweit eine Vielzahl an Getreidearten und Getreidesorten.

Grundsätzlich unterscheidet man heute Getreide und Pseudogetreide.

Getreide zählen zur Pflanzenfamilie der Süßgräser. Für die menschliche Ernährung sind die wichtigsten Getreide Reis, Weizen, Mais und Hirse sowie Roggen, Hafer und Gerste. Einige Getreidearten enthalten Gluten, andere sind glutenfrei. Getreide mit höherem Glutengehalt sind vor allem Roggen, Gerste, die Weizenarten Weichweizen, Dinkel, Emmer, Einkorn und Hartweizen, die Weizensorte Kamut, auch Khorasan-Weizen genannt, sowie Triticale, eine Kreuzung aus Weichweizen und Roggen. Auch Hafer enthält Gluten, das sich jedoch vom Gluten der verschiedenen Weizenarten oder vom Roggengluten unterscheidet. Wird Hafer speziell für die glutenfreie Ernährung angebaut und getrennt von Weizen, Roggen und Gerste verpackt und verarbeitet, eignet er sich als solchermaßen nicht kontaminierter Hafer auch für die glutenfreie Ernährung. Glutenfreie Getreide sind Reis, Mais und Hirse.

Pseudogetreide liefern Körnerfrüchte, die ähnlich wie Getreide verwendet werden können. Wichtige Pseudogetreide sind Quinoa, Amarant und Buchweizen. Diese Pflanzen zählen nicht zu den Süßgräsern, sondern zu anderen Pflanzenfamilien. Ihre Körner sind glutenfrei.

Mehle werden nicht nur aus den Körnern von Getreide und Pseudogetreide hergestellt, sondern auch aus Vertretern anderer Lebensmittelgruppen: zum Beispiel aus Hülsenfrüchten wie Kichererbsen, Linsen oder Sojabohnen, aber auch aus Edelkastanien, Kartoffeln, Kokosnüssen, Mandeln, Nüssen oder aus getrockneten Bananen. Im Folgenden nenne ich einige glutenfreie Mehle, die ich für die Bäckerei verwende. Wenn möglich, kaufe ich die Getreide und Pseudogetreide als ganzes Korn und mahle sie frisch als Vollkornmehle erst unmittelbar vor der Verwendung.

Reismehl

Reismehl ist ein sehr feines Mehl, das aus Rundkornreis oder Langkornreis hergestellt wird. Ein Teig mit Reismehl ergibt beim Backen eine schöne Konsistenz. Als Stärkemehl kann Reismehl zudem verschiedenen Teigen und Gerichten in ähnlicher Funktion wie Maisstärke beigegeben werden.

Maismehl

Maismehl ist besonders stärkehaltig. Die Körner haben hohe Anteile an Kohlenhydraten und ungesättigten Fettsäuren und sind reich an Mineralstoffen wie Kalium, Calcium, Phosphor, Eisen und Natrium, aber auch an B-Vitaminen und den Vitaminen E und A. Je nach Maissorte kann Maismehl eine weiße Farbe, eine gelbe Farbe oder auch eine bläuliche Farbe haben. Das weiße Maismehl hat im Allgemeinen einen etwas milderen, leicht süßlichen Geschmack, das gelbe Mehl schmeckt kräftiger mit ausgeprägtem Maisaroma.

Hirsemehl

Hirse ist eine Sammelbezeichnung für mehrere Pflanzengattungen innerhalb der Süßgräser. Wichtige Arten sind zum Beispiel Rispenhirse, Kolbenhirse, Mohrenhirse, auch Soghumhirse genannt, und Teff. Letzterer ist ein wichtiges Kulturgetreide Äthiopiens, das heute neben Rispenhirse auch hierzulande angebaut wird. Allgemein sind Hirsekörner besonders mineralstoffreich. Sie enthalten unter anderem viel Magnesium, Kalium, Eisen, Silizium, Fluor und Zink. Die sogenannte Braunhirse ist keine spezielle Hirseart oder Hirsesorte, sondern nicht entspelzte und damit braune Hirse. Üblicherweise werden die Spelzen und Schalen der verschiedenen Hirsearten entfernt, weil sie bitter schmecken und schlecht verdaulich sind, mit Ausnahme von Teff, dessen Körner so klein sind, dass sie nicht geschält werden. Hirsemehle haben häufig einen angenehmen, nussigen Geschmack und gute Backeigenschaften.

Amarantmehl

Amarantmehl ist reich an gut verdaulichem Eiweiß und Mineralstoffen, vor allem an Eisen, Zink, Calcium und Magnesium. Amarant zählt zu den ältesten Kulturpflanzen der Menschen. Ursprünglich neben Mais und Quinoa ein Grundnahrungsmittel vor allem in Mittelamerika und den Gebirgsregionen Südamerikas, wird Amarant mittlerweile auch hierzulande angebaut. Sein gut verträgliches Korn mit nussigem Aroma, das sich beim Kochen und Backen entfaltet, ist ein wertvoller Bestandteil einer vollwertigen glutenfreien Ernährung.

Quinoamehl

Quinoamehl ist ähnlich wie Amarant reich an Eiweiß, hochwertigen ungesättigten Fettsäuren und Mineralstoffen, insbesondere an Magnesium und Eisen. Wie Amarant ist Quinoa ein wertvoller Bestandteil einer vollwertigen Ernährung. Die senfkorngroßen Samen ergeben ein feines Mehl, das sich vielfältig beim Backen und Kochen einsetzen lässt. Aufgrund der bitter schmeckenden Substanzen in der Samenschale kommt Quinoa in der Regel als geschältes oder gewaschenes und dadurch kaum bitteres Korn in den Handel.

Buchweizenmehl

Buchweizen ist ein hervorragender Nährstofflieferant. Die bucheckerförmigen Körner und das aus ihnen gemahlene Mehl enthalten unter anderem B-Vitamine und Vitamin E, aber auch Kalium, Magnesium, Calcium, Fluor und Eisen, hochwertige ungesättigte Fettsäuren sowie sekundäre Pflanzenstoffe, zum Beispiel das Flavonoid Rutin, das eine Bluthochdruck vorbeugende Wirkung haben soll und die Gesunderhaltung der Kapillaren unterstützt. Wie Quinoa und die meisten Hirsearten kommen Buchweizenkörner in der Regel geschält in den Handel.

Kastanienmehl

Die Früchte der Edelkastanie haben viele Verwendungsmöglichkeiten und waren in der Vergangenheit ein weit verbreitetes Nahrungsmittel. Die Früchte sind reich an Stärke und Zucker sowie an Kalium. Ihr Eiweißgehalt ist im Durchschnitt geringer als derjenige der Getreidearten und Pseudogetreidearten. Kastanienmehl wird aus den getrockneten, geschälten Früchten hergestellt. Es verleiht Backwaren einen zart süßen, nussigen Geschmack.

Nüsse und Samen

Nüsse und Samen wie Mohn sind eine wichtige Zutat der Weihnachtsbäckerei. Zu den Nüssen zählen im allgemeinen Sprachgebrauch zum Beispiel Haselnüsse, Walnüsse, Mandeln, Paranüsse, Pekannüsse, Cashewnüsse, Pistazien, Pinienkerne, Macadamianüsse und Kokosnüsse. Sie alle haben ihren Platz in der Backstube. Botanisch handelt es sich bei diesen Samen und Kernen nicht immer um echte Nüsse. So sind zum Beispiel Mandeln, Pistazien und Kokosnüsse im botanischen Sinne keine Nüsse, sondern Kerne von Steinfrüchten, und Pinienkerne sind die Samen einer Pinie.

Der Nährstoffgehalt der Nüsse, Samen und Kerne ist abhängig von Art und Sorte. Sie enthalten alle das wasserlösliche Vitamin B_1, das wichtig für den Kohlenhydratstoffwechsel des Körpers ist, und weitere B-Vitamine. Auch wertvolle ungesättigte Fettsäuren, hochwertige pflanzliche Eiweiße und Ballaststoffe sowie Mineralstoffe und Spurenelemente sind in den verschiedenen Nüssen und Kernen in unterschiedlichen, teils hohen Mengen vorhanden.

Nüsse kommen beim Backen als ganze Kerne, gemahlen, gehackt, in Blättchen oder Stifte geschnitten, geröstet oder ungeröstet, enthäutet oder mit Samenhaut zum Einsatz. Am besten bereitet man sie erst kurz vor dem Backen entsprechend vor.

Gewürze

Gewürze verleihen Nahrungsmitteln einen typischen Geschmack und Geruch. Sie werden Speisen bei der Herstellung beigegeben. Neben natürlichem Steinsalz als Mineral sind es vor allem Teile von Pflanzen, die hierfür Verwendung finden. Früher waren die Handelswege für orientalische und asiatische Gewürze wie Kardamom, Zimt, Muskat, Gewürznelken oder Pfeffer lang und beschwerlich, weshalb diese Gewürze entsprechend wertvoll waren. Als einheimische Würzmittel standen vor allem Kräuter, Honig, Salz und Essig zur Verfügung.

Gewürze sind gesund, sie fördern die gute Laune und können die Abwehrkräfte stärken. Sie wirken belebend und sinnlich gerade in der dunklen und kalten Jahreszeit. Vor allem in der Weihnachtsbäckerei werden traditionell Gewürze aus aller Welt verwendet. Mit Zimt, Vanille, Anis, Kardamom oder Gewürznelken verbindet man das typische Gebäck dieser Zeit. Auch Muskat, Safran, Koriander oder Ingwer dürfen nicht fehlen. Aus manchen von ihnen werden bekannte Gewürzmischungen wie Lebkuchengewürz hergestellt.

Den Geruch von **Zimt** verbindet man gerne mit Weihnachtsgebäck oder Punsch. Zimt ist ein uraltes Heilmittel, das schon die alten Ägypter zu medizinischen Zwecken nutzten. Heute sagt man ihm unter anderem nach, dass er den Blutzucker senken kann, bei Diabetes und auch gegen Erkältungen helfen soll.

Ingwer nutzten in der Antike bereits die alten Griechen nach schweren Speisen oder auch, um Gerichten Schärfe zu verleihen. Auch in der ayurvedischen Medizin und Ernährung kommt Ingwer häufig und in vielen Speisen und Getränken zum Einsatz. Ingwer hilft durch seine schweißtreibende Wirkung auch bei Beginn einer Erkältung.

Bereits Hildegard von Bingen sagte im 12. Jahrhundert **Muskat** eine antidepressive Wirkung nach. Auch Konzentrationsschwäche oder Durchblutungsstörungen soll Muskat vertreiben können. Große Mengen an Muskat sollte man aber trotzdem nicht verzehren.

Kardamom war im Mittelalter eines der kostbarsten Gewürze überhaupt. Auch heute noch zählt er nach Safran und Vanille zu den teuersten Gewürzen. In der Weihnachtsbäckerei findet man ihn überwiegend in Gewürzmischungen für Lebkuchen und Spekulatius. Durch sein wärmendes Aroma kann er Erkältungs- und Hustenbeschwerden lindern. Kardamom werden zugleich anregende wie beruhigende Wirkungen nachgesagt.

Safran ist eine seit mehr als 4000 Jahren geschätzte Würz- und Färbepflanze. Das Gewürz schmeckt herb-bitter-scharf. Die gelbe Farbe des Safrans ist auf seinen Gehalt an Carotinoiden und vor allem an Crocetin zurückzuführen. Safran hat mild beruhigende, Kreislauf anregende und Herz stärkende Eigenschaften.

Vanille mischten bereits die Azteken in ihre Schokolade. Alte Schriften sagen der Vanille auch eine Heilwirkung nach. So soll sie zum Beispiel verdauungsfördernd, beruhigend und gemütsaufhellend wirken. Man verwendet meist das Mark der Vanilleschote. Ihr hauptsächlich für Duft und Geschmack verantwortlicher Inhaltsstoff ist das Vanillin. Durch Umwandlung anderer biologischer Ausgangsstoffe wird Vanillin auch isoliert und hochrein hergestellt. Vanillin zum Beispiel aus der Apotheke ist hochrein und somit weitgehend frei von möglichen Allergenen. Es ist jedoch sehr konzentriert und muss zur weiteren Verwendung in der Küche stark verdünnt werden (siehe Seite 17).

Anis verwendete man bereits im alten Rom als Gewürz für süßes Gebäck. Als Heilpflanze kann Anis bei Husten oder Magen-Darm-Beschwerden Linderung schenken.

Gewürznelken kennt man in Europa seit dem frühen Mittelalter als wertvolles, intensives Gewürz. Die enthaltenen ätherischen Öle haben eine betäubende Wirkung. So ist es zum Beispiel ein altes Hausmittel gegen Zahnschmerzen und Mundgeruch, eine Gewürznelke zu kauen.

Hinweise zu den Rezepten

Abkürzungen:

MSP	Messerspitze
TL	Teelöffel
EL	Esslöffel
g	Gramm
ml	Milliliter

- Die angegebenen **Backzeiten** und **Backtemperaturen** in den folgenden Rezepten beziehen sich auf einen **vorgeheizten** Elektrobackofen mit Ober- und Unterhitze **ohne Umluft.**

  Wer seinen Backofen nicht vorheizen möchte, muss bei Plätzchen und Mürbeteig eine um 2 – 5 Minuten längere Backzeit einplanen. Auch andere Teige und Gebäcke, zum Beispiel Stollen und Kuchen, benötigen ohne Vorheizen eine längere Backzeit als in den Rezepten angegeben. In diesen Fällen ist immer auch eine Garprobe hilfreich (siehe unten).

  Bitte richten Sie sich bezüglich der Backzeiten und Backtemperaturen auch nach den Angaben des Herstellers Ihres Backofens, weil Temperaturen und Zeiten je nach Gerätetyp variieren.

- Für die **Garprobe** beim Backen nimmt man ein Holzstäbchen oder eine Stricknadel und sticht damit in die dickste Stelle des Gebäcks. Bleibt beim Herausziehen kein Teig am Gerät hängen, ist das Gebäck durchgebacken. Ansonsten die Backzeit um einige Minuten verlängern.

- Verwenden Sie am besten **frisch gemahlenes Getreide:** Alle von mir verwendeten Mehle, Getreide und Pseudogetreide sind im Bioladen oder Reformhaus erhältlich. Wenn möglich, kaufe ich die Getreide als Korn und mahle sie frisch erst unmittelbar vor der Verwendung. Frisch gemahlen, ist das Getreide einfach vollmundiger im Geschmack. Alternativ können Sie selbstverständlich auch glutenfreie Vollkornmehle aus dem Handel als Ersatz für frisch gemahlene Körner verwenden.

- Als **Zucker** verwende ich fein gemahlenen Vollrohrzucker und Roh-Rohrpuderzucker. Selbstverständlich ist es Ihnen freigestellt, andere Süßungsmittel – diejenigen, die Sie möchten – und zudem andere Mengen zu verwenden.

Wussten Sie, dass …

… die Historie des Backens von zuckergesüßten Plätzchen in Mitteleuropa bis weit in das 16. Jahrhundert zurückreicht? Damals war das leckere Gebäck aufgrund des hohen Preises für Rohrzucker aus Übersee in erster Linie den Damen und Herren der gehobenen Gesellschaft vorbehalten und etablierte sich als Begleitung zu Kaffee, Tee oder heißer Schokolade. Neben Plätzchen kamen in dieser Zeit auch andere kleine Gebäckstücke wie Biskuit oder Formgebäcke auf.

Wegen des hohen Preises für Zucker waren Plätzchen auch im 19. Jahrhundert noch Genussmittel vor allem der reichen Bürger. Man verglich den eigenen Wohlstand mit dem Zuckerpreis. Neben Rohrzucker waren auch Mandeln oder Kakao als weitere Zutaten von Plätzchen für das gemeine Volk viel zu teuer.

Erst als man die heimische Zuckerrübe als Zuckerquelle nutzbar machte (der Zuckergehalt der Zuckerrübe wurde Mitte des 18. Jahrhunderts entdeckt) und deren Zucker ab etwa 1850 zunehmend industriell gewann, wurde Zucker deutlich günstiger. Seit dieser Zeit fanden Plätzchen, wenn auch stets nur zu besonderen Anlässen wie Weihnachten, den Weg in die heimischen Küchen der breiten Gesellschaft. Heute sind Plätzchen aus der Advents- und Weihnachtszeit nicht mehr wegzudenken. Es entstehen in den häuslichen Backstuben mittlerweile unzählige Varianten und Sorten der kleinen Köstlichkeiten.

- Ein **glutenfreies Backpulver** ist zum Beispiel Weinsteinbackpulver aus dem Bioladen oder Reformhaus. Das Backpulver sollte als Trennmittel Stärke glutenfreien Ursprungs, zum Beispiel Maisstärke, enthalten, und keine (modifizierte) Stärke aus Weizen.

- Zu den **selbst gemachten Basics:** Die Rezepte im Kapitel »Basics« ab Seite 16 berücksichtigen eine Doppelunverträglichkeit von Gluten und Histamin. Weil ich selbst histaminintolerant bin, stelle ich meinen Vanillinzucker, meine Kuvertüre und Schokolade sowie Nougat selbst her. Selbstverständlich können Sie statt dieser selbst hergestellten Basics bei Verträglichkeit auch die im guten Biohandel verfügbaren Artikel verwenden.

  Wenn im Folgenden also eine Angabe »1 TL Vanillinzucker« lautet, so verwende ich einen selbst hergestellten Vanillinzucker, der selbstverständlich gegen einen handelsüblichen oder selbst hergestellten Vanillezucker getauscht werden kann. Entsprechend kann bei dunkler oder weißer Kuvertüre sowie dunkler oder heller Nougatmasse verfahren werden.

Basics

Vanillezucker

Ergibt etwa 20 g Vanillezucker

1 Vanilleschote
20 g feiner Vollrohrzucker

- Die Vanilleschote der Länge nach aufschneiden und das Mark herauslösen. Ausgelöstes Mark mit dem Zucker aufnehmen und die Mischung in einem Mörser gleichmäßig verreiben.
- Wenn die natürliche Vanille Verträglichkeitsprobleme macht, kann auch selbst gemachter Vanillinzucker verwendet werden, hergestellt zum Beispiel nach dem folgenden Rezept.

Vanillinzucker

Ergibt etwa 100 g Vanillinzucker

2 g Vanillin (aus der Apotheke)
10 ml Alkohol (aus der Apotheke)
100 g feiner Vollrohrzucker

- Das Vanillin in etwas Alkohol lösen und anschließend gleichmäßig mit dem Zucker verreiben. Am besten Alkohol mit Vanillin gleich in der Apotheke mischen lassen und zu Hause nur noch mit dem Zucker in einer großen Schüssel gleichmäßig verreiben und untermischen.
- Offen stehen lassen, sodass der Alkohol trocknen und verdunsten kann. Zurück bleibt reinster Vanillinzucker.

Dunkle Kuvertüre

Ergibt etwa 300 g dunkle Kuvertüre

100 g natives Kokosöl oder Kakaobutter
100 g Roh-Rohrpuderzucker
50 g Kakaopulver
40 g Maisstärke
1 frisches Eigelb

- Kokosöl oder Kakaobutter gegebenenfalls zerkleinern und im Wasserbad bei 30 – 35 °C langsam schmelzen. Beim Arbeiten mit Kakaobutter sollte so vorsichtig geschmolzen werden, dass die Schmelze nicht klar wird, sondern flüssig und undurchsichtig cremig bleibt. Wird Kakaobutter zu stark erhitzt, wird die Kuvertüre anschließend nicht fest.
- Nach und nach Puderzucker, Kakaopulver und Stärke durch ein Sieb in das geschmolzene Fett streichen und gut verrühren. Nun aus dem Wasserbad nehmen und das Eigelb unterrühren.

Weiße Kuvertüre

Ergibt etwa 250 g weiße Kuvertüre

2 Vanilleschoten oder 2 EL Vanillinzucker (siehe Seite 17)
50 g natives Kokosöl
50 g Kakaobutter
100 g Roh-Rohrpuderzucker
40 g Maisstärke

- Mit einem Messer die Vanilleschoten der Länge nach aufschneiden und das Mark herausnehmen. Kokosöl und Kakaobutter zerkleinern und im Wasserbad bei 30 – 35 °C vorsichtig schmelzen. Die Schmelze sollte nicht klar werden, sondern flüssig und undurchsichtig bleiben.
- Puderzucker und Maisstärke durch ein Sieb in das Fett streichen und gleichmäßig verrühren. Je länger man rührt, desto besser wird die Kuvertüre. Am Schluss Vanillemark oder Vanillinzucker unterrühren.

Nougatmasse

Ergibt etwa 300 g Nougatmasse

1 Vanilleschote oder 1 EL Vanillinzucker (siehe Seite 17)
100 g natives Kokosöl
100 g Roh-Rohrpuderzucker
50 g Kakaopulver
60 g Mandeln, gemahlen
2 EL Milch
1 frisches Eigelb

- Mit einem Messer die Vanilleschote der Länge nach aufschneiden und das Mark herausnehmen. Das Kokosöl im Wasserbad bei 30 – 35 °C vorsichtig schmelzen.
- Nach und nach Puderzucker und Kakaopulver durch ein Sieb auf das geschmolzene Fett streichen.
- Nun vom Wasserbad nehmen, mit Mandeln, Vanillemark oder Vanillinzucker und Milch mischen. Das Eigelb als Emulgator zugeben und die Masse mit einem Pürierstab gleichmäßig pürieren.

Weiße Nougatmasse

Ergibt etwa 250 g weiße Nougatmasse

2 Vanilleschoten oder 2 EL Vanillinzucker (siehe Seite 17)
100 g natives Kokosöl
100 g Roh-Rohrpuderzucker
80 g Mandeln, gemahlen
2 EL Milch
1 frisches Eigelb

- Mit einem Messer die Vanilleschoten der Länge nach aufschneiden und das Mark herausnehmen. Das Kokosöl im Wasserbad bei 30 – 35 °C vorsichtig schmelzen.
- Nach und nach den Puderzucker durch ein Sieb in das geschmolzene Fett streichen und gut verrühren.
- Die Masse vom Wasserbad nehmen und Mandeln, Vanillemark oder Vanillinzucker und Milch zugeben. Kurz umrühren. Das Eigelb als Emulgator dazugeben und alles mit dem Pürierstab gleichmäßig vermusen.

Die besinnlichen Tage zwischen
Weihnachten und Neujahr
haben schon manchen
um die Besinnung gebracht.

Joachim Ringelnatz

Luis Weihnachtsgeschichte

von Sofie

An einem kalten Wintermorgen machte sich Luis auf den Weg, um eine neue Bleibe zu suchen, denn er wollte nicht immer so alleine sein. So packte er sein ganzes Hab und Gut und ging in die Welt.

Um ihn herum war alles voller Schnee und Eis. »Es ist dieses Jahr ein richtig kalter Winter«, dachte Luis, als er durch kniehohen Schnee und Eis stapfte. Er stolperte über Äste, die auf dem Boden lagen und vom Schnee verdeckt waren. Luis fror am ganzen Körper und hatte nicht mehr viel zu essen. Ihm war nichts geblieben außer seinem kleinen Reisesäckchen. Es enthielt nur die wichtigsten Dinge zum Überleben. Und so lief Luis immer tiefer in den Wald hinein. Er hatte schon keine Kraft mehr und wollte einen Schlafplatz suchen, da bemerkte er auf einem kleinen Hügel Licht. Als er näherkam, sah er ein kleines Dorf. Er fasste all seinen Mut und seine Kraft zusammen und ging auf das Dorf zu. Immer wieder brach er in den tiefen Schnee ein, stolperte und rutschte aus. Das Dorf war immer noch weit weg. Weinend brach Luis zusammen. Er war am Ende seiner Kraft und fing an zu beten. Plötzlich sah er ganz versteckt zwischen den Bäumen ein hell erleuchtetes kleines Häuschen.

Er stand auf und ging auf das Häuschen zu. Das Haus erstrahlte in weihnachtlichem Glanz. Er klopfte an und trat ein. Im Haus sah er eine ältere Frau, die gerade dabei war, ihre Krippe mit frischem Stroh auszulegen. Als die Frau Luis sah, brachte sie ihm erst einmal etwas Warmes zu essen und trockene Kleidung. Luis nahm beides dankend an und half ihr, das Haus zu schmücken. Er erzählte, wie einsam er vergangene Weihnachten verbracht hatte und wie einsam er sich immer fühlte. Und er erzählte über seine lange Reise, bis er hier angelangt war. Von seinen Erlebnissen, seinem Kummer und seinen Nöten, und vor allem dankte er auch, dass seine Gebete erhört worden waren.

Luis bedankte sich bei der Frau für das Essen und die Kleidung und wollte weiterziehen. Die Frau aber hatte Mitleid mit ihm und bot ihm an, bei ihr zu bleiben, solange er wolle. Denn auch sie sei alleine und einsam wie er und so müsse es keiner von beiden mehr sein. Luis überlegte kurz und entschloss sich, bei ihr zu bleiben, denn er hatte das gefunden, was er so lange gesucht und was er sich immer sehnlichst gewünscht hatte. So bereiteten sie gemeinsam alles vor. Für Luis war dies das schönste Weihnachten, das er je erlebt hatte.

Plätzchen – ausgestochen, geformt, gefüllt

Schneeflocken aus Teffmehl

Ergibt etwa 30 Stück

1 Vanilleschote oder 1 EL Vanillinzucker (siehe Seite 17)
100 g Maisstärke
150 g Teffmehl
150 g feiner Vollrohrzucker
1 Prise Salz
2 frische Eigelb
200 g weiche Butter
etwas Teffmehl zum Ausrollen

Für den Belag:
1 frisches Eiweiß
150 g Roh-Rohrpuderzucker

- Mit einem Messer die Vanilleschote der Länge nach aufschneiden und das Mark herausnehmen. Maisstärke, Teffmehl, Zucker, Vanillemark oder Vanillinzucker, Salz, Eigelbe und Butter zu einem gleichmäßigen Teig verkneten und zugedeckt mindestens 2 Stunden kalt stellen.
- Den Backofen auf 200 °C vorheizen und ein Backblech mit Backpapier oder Dauerbackfolie belegen.
- Teig nach dem Kühlen noch mal kurz durchkneten und anschließend auf einer bemehlten Arbeitsfläche 0,5 cm dick ausrollen. Mit einem Plätzchenausstecher in Schneeflockenform Plätzchen aus dem Teig ausstechen und auf das vorbereitete Backblech legen.
- Für den Belag Eiweiß und Puderzucker zu steifem Schnee schlagen und gleichmäßig auf die Plätzchen streichen.
- Die Schneeflocken im heißen Ofen (Mitte) etwa 15 Minuten backen und anschließend auf einem Kuchengitter abkühlen lassen.

Terrassenplätzchen

Ergibt etwa 25 Stück

1 Vanilleschote oder 1 EL Vanillinzucker (siehe Seite 17)
100 g Kartoffelstärke
100 g Reisvollkornmehl
100 g feiner Vollrohrzucker
1 frisches Eigelb
175 g weiche Butter
etwas Reisvollkornmehl zum Ausrollen
4 EL Marmelade zum Bestreichen
Roh-Rohrpuderzucker zum Bestäuben

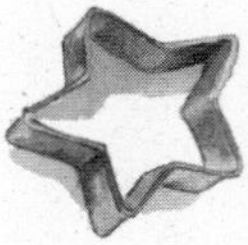

- Mit einem Messer die Vanilleschote der Länge nach aufschneiden und das Mark herausnehmen. Aus Kartoffelstärke, Reismehl, Zucker, Vanillemark oder Vanillinzucker, Eigelb und weicher Butter einen glatten Teig herstellen und zugedeckt mindestens 2 Stunden kalt stellen.
- Den Backofen auf 200 °C vorheizen und ein Backblech mit Backpapier oder Dauerbackfolie belegen. Den Teig auf einer bemehlten Arbeitsfläche 0,5 cm dick ausrollen. Mit einem Plätzchenausstecher in Sternform eine gerade Anzahl an Sternen ausstechen und auf das vorbereitete Backblech legen.
- Plätzchen im heißen Ofen (Mitte) 15 Minuten backen.
- Die noch warmen Plätzchen mit Marmelade bestreichen und paarweise aufeinandersetzen. Zum Schluss mit Puderzucker bestäuben und auf einem Kuchengitter erkalten lassen.

Marmeladenplätzchen

Ergibt etwa 25 Stück

100 g Maisvollkornmehl
100 g Kastanienmehl
100 g Reisvollkornmehl
100 g Mandeln, gemahlen
1 TL Zimt, gemahlen
1 MSP Kardamom, gemahlen
100 g feiner Vollrohrzucker
2 frische Eigelb
250 g weiche Butter
etwas Mehl (Mais, Kastanie, Reis) zum Ausrollen
etwa 150 g Marmelade zum Bestreichen
Roh-Rohrpuderzucker zum Bestäuben

- Aus den Mehlen, Mandeln, Gewürzen, Zucker, Eigelben und Butter einen glatten Knetteig herstellen und diesen anschließend zugedeckt mindestens 2 Stunden kalt stellen.
- Nun den Backofen auf 180 °C vorheizen und ein Backblech mit Backpapier oder Dauerbackfolie belegen. Den Teig auf einer bemehlten Arbeitsfläche 0,5 cm dick ausrollen und mit einem Plätzchenausstecher in Herzform Plätzchen ausstechen. Bei der Hälfte der Plätzchen in der Mitte ein kleineres Herz ausstechen, den Herzrand weiterverwenden und die Herzmitten mit dem restlichen Teig verkneten. So fortfahren, bis der Teig aufgebraucht ist.
- Alle Plätzchen auf das vorbereitete Backblech legen und im heißen Ofen (Mitte) etwa 15 Minuten backen.
- Die noch warmen ganzen Herzen mit Marmelade bestreichen und jeweils mit einer ausgestochenen Herzform belegen. Die Plätzchen mit Puderzucker bestäuben und auf einem Kuchengitter abkühlen lassen.

Einfache Plätzchen – gutes Tee gebäck

Ergibt etwa 20 Stück

1 Vanilleschote oder 1 EL Vanillinzucker (siehe Seite 17)
125 g Maisstärke
125 g Reisvollkornmehl
125 g Mandeln, gemahlen
1 MSP glutenfreies Backpulver
1 MSP Zimt, gemahlen
100 g feiner Vollrohrzucker
1 Prise Salz
1 frisches Ei
200 g weiche Butter
etwas Reisvollkornmehl zum Ausrollen

Für den Belag:
1 frisches Eigelb
2 EL Milch
50 g Mandelblättchen

- Mit einem Messer die Vanilleschote der Länge nach aufschneiden und das Mark herausnehmen. Aus Maisstärke, Reismehl, Mandeln, Backpulver, Zimt, Zucker, Vanillemark oder Vanillinzucker, Salz, Ei und Butter einen Knetteig herstellen und diesen anschließend zugedeckt mindestens 2 Stunden kalt stellen.
- Nun den Backofen auf 180 °C vorheizen und ein Backblech mit Backpapier oder Dauerbackfolie belegen. Den gekühlten Teig auf einer bemehlten Arbeitsfläche 0,5 cm dick ausrollen. Mit einem Plätzchenausstecher Sterne oder andere Formen und Figuren aus dem Teig ausstechen und auf das vorbereitete Backblech legen.
- Für den Belag in einer Tasse Eigelb mit Milch verrühren. Die Plätzchen damit bestreichen und mit den Mandelblättchen belegen.
- Anschließend im heißen Ofen (Mitte) etwa 8 Minuten backen, bis die Plätzchen goldgelb sind. Auf einem Kuchengitter abkühlen lassen.

Schutzengelchen

Ergibt etwa 10 Stück

50 g Maisstärke
100 g Kastanienmehl
100 g Quinoamehl
125 g feiner Vollrohrzucker
4 frische Eigelb
125 g weiche Butter
1 Vanilleschote oder 1 EL Vanillinzucker (siehe Seite 17)
etwas Mehl (Kastanie, Quinoa) zum Ausrollen

Zum Bestreichen:
1 frisches Eigelb
1 EL Milch

- Maisstärke, die Mehle, Zucker, Eigelbe und Butter verkneten. Die Vanilleschote der Länge nach mit einem Messer aufschneiden und das Mark herausnehmen. Vanillemark oder Vanillinzucker gleichmäßig in den Teig kneten. Anschließend den Teig zugedeckt mindestens 2 Stunden kalt stellen.
- Nun den Backofen auf 200 °C vorheizen und ein Backblech mit Backpapier oder Dauerbackfolie belegen. Den gekühlten Teig auf einer bemehlten Arbeitsfläche etwa 0,5 cm dick ausrollen, mit einem Plätzchenausstecher Engel ausstechen und auf das vorbereitete Backblech legen.
- In einer Tasse das Eigelb mit der Milch verrühren und auf die Plätzchen streichen. Die Plätzchen im heißen Ofen (Mitte) etwa 10 Minuten backen und anschließend auf einem Kuchengitter abkühlen lassen.

Butterplätzchen

Ergibt etwa 20 Stück

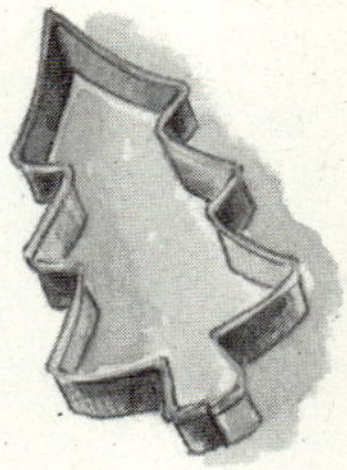

50 g Maisstärke
150 g Amarantmehl
100 g Reisvollkornmehl
100 g feiner Vollrohrzucker
2 frische Eigelb
200 g weiche Butter
etwas Mehl (Amarant, Reis) zum Ausrollen

Zum Bestreichen:
1 frisches Eigelb
1 EL Milch

- Die Maisstärke mit den Mehlen, Zucker, Eigelben und Butter zu einem Knetteig verarbeiten und diesen mindestens 2 Stunden kalt stellen.
- Nun den Backofen auf 180 °C vorheizen und ein Backblech mit Backpapier oder Dauerbackfolie belegen. Auf einer bemehlten Arbeitsfläche den Teig etwa 0,5 cm dick ausrollen und mit Plätzchenausstechern verschiedene Motive aus dem Teig ausstechen. Plätzchen anschließend auf das vorbereitete Backblech legen.
- Das Eigelb mit der Milch verquirlen, auf die Plätzchen streichen und die Plätzchen im heißen Ofen (Mitte) etwa 10 Minuten backen. Auf einem Kuchengitter abkühlen lassen.

Zuckerbalken

Ergibt etwa 30 Stück

1 Vanilleschote oder 1 EL Vanillinzucker (siehe Seite 17)
100 g Maisstärke
250 g Reisvollkornmehl
150 g Amarantmehl
150 g feiner Vollrohrzucker
3 frische Eier
250 g weiche Butter
etwas Mehl (Reis, Amarant) für die Arbeitsfläche

Für den Belag:
1 frisches Eiweiß
Hagelzucker

- Die Vanilleschote der Länge nach mit einem Messer aufschneiden, das Mark herauskratzen. Vanillemark oder Vanillinzucker in einer Schüssel mit Maisstärke, den Mehlen, Zucker, Eiern und Butter zu einem Knetteig verarbeiten und diesen anschließend zugedeckt mindestens 2 Stunden kalt stellen.
- Den Backofen auf 180 °C vorheizen, ein Backblech mit Backpapier oder Dauerbackfolie belegen und die Arbeitsfläche bemehlen. Den gekühlten Teig auf der Arbeitsfläche zu 1 cm dicken und 8 cm langen Rollen formen und diese anschließend auf das vorbereitete Backblech legen.
- Für den Belag das Eiweiß mit einer Gabel verquirlen. Die Stäbchen damit einpinseln, mit Hagelzucker bestreuen und im heißen Ofen (Mitte) etwa 20 Minuten backen. Auf einem Kuchengitter abkühlen lassen.

Hirsekringel

Ergibt etwa 30 Stück

etwa 20 g Hirse
Wasser zum Garen der Hirse (oder 70 g Hirse, gegart)
50 g Maisstärke
50 g Braunhirsemehl
40 g Teffmehl
140 g feiner Vollrohrzucker
2 frische Eigelb
etwas Mehl (Braunhirse, Teff) für die Arbeitsfläche

Für den Belag:
1 frisches Eigelb
1 – 2 EL Milch
2 EL Mandeln, gehackt

- Hirse mit der dreifachen Menge Wasser aufkochen, 15 Minuten köcheln lassen, vom Herd nehmen, 30 weitere Minuten ziehen lassen und anschließend erkalten lassen.
- Kalte Hirse mit Maisstärke, den Mehlen, Zucker und Eigelben zu einem Teig verkneten und zugedeckt mindestens 2 Stunden kalt stellen.
- Nun den Backofen auf 200 °C vorheizen und ein Backblech mit Backpapier oder Dauerbackfolie belegen.
- Teig erneut durchkneten und auf einer bemehlten Arbeitsplatte zu etwa 1 cm dicken Rollen formen. Die Rollen in etwa 10 cm lange Stücke schneiden, diese zu Kringeln formen und auf das Backblech legen.
- Für den Belag das Eigelb und die Milch mit einer Gabel verquirlen und die Kringel damit bestreichen. Mit gehackten Mandeln bestreuen und im heißen Ofen (Mitte) 10 – 15 Minuten backen. Anschließend auf einem Kuchengitter abkühlen lassen.

Hirse einweichen ca. 2 Stund

Nusskringel

Ergibt etwa 20 Stück

1 Vanilleschote oder
1 EL Vanillinzucker (siehe Seite 17)
100 g Maisstärke
150 g Teffmehl
50 g Reisvollkornmehl
200 g Mandeln, gemahlen
1 TL glutenfreies Backpulver
200 g feiner Vollrohrzucker
1 frisches Ei
200 g weiche Butter
etwas Mehl (Reis, Teff) für die Arbeitsfläche

Für den Belag:
150 g Roh-Rohrpuderzucker
1 – 2 EL heißes Wasser
2 EL Mandeln, gehackt

- Mit einem Messer die Vanilleschote der Länge nach aufschneiden und das Mark herausnehmen. Die Maisstärke mit den Mehlen, Mandeln, Backpulver, Zucker, Vanillemark oder Vanillinzucker, Ei und Butter zu einem glatten Knetteig verarbeiten, zu einer Rolle formen und abgedeckt mindestens 2 Stunden kalt stellen.
- Nun den Backofen auf 200 °C vorheizen und ein Backblech mit Backpapier oder Dauerbackfolie belegen. Den gekühlten Teig auf der leicht bemehlten Arbeitsfläche zu 1 cm dicken, 10 cm langen Strängen rollen, diese zu Kringeln formen und auf das vorbereitete Backblech legen. Anschließend im heißen Ofen (Mitte) etwa 12 Minuten backen.
- Für den Belag Puderzucker mit etwas heißem Wasser zu einer Glasur verrühren und die noch warmen Kringel damit bestreichen. Mit gehackten Mandeln garnieren und auf einem Kuchengitter erkalten und die Glasur trocknen lassen.

Rumbrezeln

Ergibt etwa 30 Stück

250 g Reisvollkornmehl
100 g feiner Vollrohrzucker
1 Prise Salz
1 frisches Ei
125 g weiche Butter
1 EL Rum oder Orangenblütenwasser
etwas Reisvollkornmehl für die Arbeitsfläche

Für die Glasur:
150 g Roh-Rohrpuderzucker
1 – 2 EL heißes Wasser

- Das Reismehl mit Zucker, Salz, Ei, Butter und Rum oder Orangenblütenwasser in einer Schüssel verkneten und anschließend zugedeckt mindestens 2 Stunden kalt stellen.
- Den Backofen auf 200 °C vorheizen und ein Backblech mit Backpapier oder Dauerbackfolie belegen. Aus dem gekühlten Teig auf der leicht bemehlten Arbeitsfläche etwa 1 cm dicke und 15 cm lange Rollen formen und diese auf dem vorbereiteten Backblech zu Brezeln schlingen.
- Brezeln anschließend im heißen Ofen (Mitte) etwa 15 Minuten backen.
- Aus Puderzucker und etwas heißem Wasser eine Glasur rühren und die noch warmen Brezeln damit glasieren. Auf einem Kuchengitter die Glasur aushärten und die Brezeln abkühlen lassen.

Weihnachtskrippe mit Kindern basteln

Weihnachtskrippen mit ihren Figuren sind ein besonders schöner Aspekt der Weihnachtszeit. Sie stellen die Weihnachtsgeschichte bildlich dar, und Kinder haben viel Spaß beim Spielen mit der Krippe. Es gibt Krippen in verschiedenen Ausführungen. Sie können klein oder groß, prunkvoll oder traditionell, mit Tieren oder ohne Tiere sein. Baut man sie selbst, entsteht eine ganz besondere und einmalige Krippe, und schon beim Bauen kommt Weihnachtsstimmung auf.

Man kann eine Weihnachtskrippe ganz einfach aus großen Rindenstücken, die man aneinanderlehnt, bauen. Mit Heu und Stroh ausgelegt, eventuell mit etwas Moos beklebt, und schon können die Figuren einziehen. Oder man sammelt verschiedene Äste oder große Wurzeln und lehnt sie auf einem Karton oder einer Holzunterlage passend aneinander. Aus gleich langen dünnen Ästen oder Stroh und Schnur lässt sich ein Dach anfertigen, mit kleinen Steinchen ein Weg gestalten, und größere Steine können zu Felsen um die Krippe werden. Dann noch mit Stroh, Heu oder Moos dekorieren und die Figuren einziehen lassen. Soll das Ganze winterlich aussehen, kann etwas gerupfte Watte oder Filzwolle zur Schneedecke werden, und bestreut man diese mit etwas Mehl, sieht es noch natürlicher aus. Beim Krippenbau sind der Fantasie keine Grenzen gesetzt und man kann vor allem auch kleinere Kinder in den Bau einbeziehen.

Vanille-Rosmarin-Hörnchen

sind top

Ergibt etwa 30 Stück

100 g Kartoffelmehl
100 g Reisvollkornmehl
100 g Amarantmehl
100 g Mandeln, gemahlen
100 g feiner Vollrohrzucker
1 Prise Salz
2 frische Eigelb
200 g weiche Butter
1 Vanilleschote oder 1 EL Vanillinzucker (siehe Seite 17)
1 TL frische Rosmarinnadeln
(am besten frischer Rosmarin von der Fensterbank)

Zum Wälzen:
Roh-Rohrpuderzucker
Vanillezucker oder Vanillinzucker
(günstig ist eine Mischung aus Puderzucker und Vanillezucker im Verhältnis 2:1, zum Beispiel 2 EL Puderzucker und 1 EL Vanillezucker)

- Aus den Mehlen, Mandeln, Zucker, Salz, den Eigelben und Butter einen glatten Teig kneten. Mit einem Messer die Vanilleschote aufschneiden, das Mark herausnehmen. Rosmarin fein hacken und mit dem Vanillemark oder Vanillinzucker in den Teig kneten. Teig zu einer Rolle formen und abgedeckt mindestens 2 Stunden kalt stellen.
- Nun den Backofen auf 190 °C vorheizen und ein Backblech mit Backpapier oder Dauerbackfolie belegen. Den gekühlten Teig zu Hörnchen formen und auf dem vorbereiteten Backblech im heißen Ofen (Mitte) etwa 10 Minuten backen.
- Zum Wälzen den Puderzucker mit Vanillezucker oder Vanillinzucker in einer Schüssel mischen und die noch warmen Vanillehörnchen darin von beiden Seiten wenden. Anschließend auf einem Kuchengitter abkühlen lassen.

Nougathörnchen

Ergibt etwa 30 Stück

1 Vanilleschote oder 1 EL Vanillinzucker (siehe Seite 17)
200 g Nougatmasse (siehe Seite 19 für selbst gemachte Nougatmasse)
100 g weiche Butter
1 frisches Ei
1 Prise Salz
200 g Maisstärke
100 g Kastanienmehl
½ Päckchen glutenfreies Backpulver
250 g Vollmilchkuvertüre oder dunkle Kuvertüre (siehe Seite 18)

- Mit einem Messer die Vanilleschote der Länge nach aufschneiden und das Mark herausnehmen. Das Nougat leicht erwärmen, sodass es knetbar wird, und mit Butter, Ei, Vanillemark oder Vanillinzucker, Salz, Maisstärke, Kastanienmehl und Backpulver zu einem glatten Teig verkneten. Abgedeckt mindestens 2 Stunden kalt stellen.
- Den Backofen auf 190 °C vorheizen und ein Backblech mit Backpapier oder Dauerbackfolie belegen. Den gekühlten Teig zu kleinen Hörnchen formen und auf dem vorbereiteten Backblech im heißen Ofen (Mitte) etwa 15 Minuten backen.
- Kuvertüre im Wasserbad erhitzen und die Enden der Nougathörnchen in die geschmolzene Kuvertüre tauchen. Anschließend auf einem Kuchengitter abkühlen und die Kuvertüre fest werden lassen.

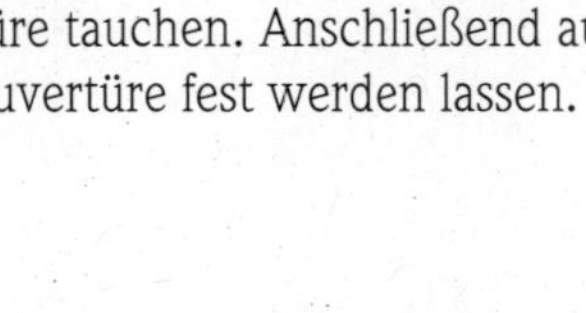

Hirseköpfchen

Ergibt etwa 25 Stück

25 – 30 g Hirse
Wasser zum Garen der Hirse (oder etwa 100 g Hirse, gegart)
1 frisches Eigelb
50 g weiche Butter
100 g feiner Vollrohrzucker
100 g Maisstärke
100 g Braunhirsemehl
½ Päckchen glutenfreies Backpulver
1 Vanilleschote oder 1 EL Vanillinzucker (siehe Seite 17)
1 TL Ingwer, gemahlen
Roh-Rohrpuderzucker zum Bestäuben

- Die Hirse in der dreifachen Menge Wasser aufkochen, 15 Minuten köcheln lassen, vom Herd nehmen und 30 weitere Minuten quellen lassen. Ab und zu umrühren und anschließend abkühlen lassen.
- Nun den Backofen auf 180 °C vorheizen und ein Backblech mit Backpapier oder Dauerbackfolie belegen.
- In einer großen Schüssel die abgekühlte Hirse mit Eigelb, Butter, Zucker, Maisstärke, Braunhirsemehl und Backpulver verkneten. Die Vanilleschote der Länge nach mit einem Messer aufschneiden und das Mark herausnehmen. Ingwer und Vanillemark oder Vanillinzucker gleichmäßig in den Teig einarbeiten.
- Nun mithilfe von zwei Teelöffeln kleine Teighäufchen auf das Backblech geben und im heißen Ofen (Mitte) etwa 25 Minuten backen. Anschließend auf einem Kuchengitter mit Puderzucker bestäuben und abkühlen lassen.

Schneebälle – super

Ergibt etwa 20 Stück

1 Vanilleschote oder 1 EL Vanillinzucker (siehe Seite 17)
200 g Maisstärke
50 g Reisvollkornmehl
60 g Roh-Rohrpuderzucker
200 g weiche Butter
1 EL Rum oder Rosenwasser (Mineralwasser)

Für die Glasur und zum Wälzen:
150 g Roh-Rohrpuderzucker
1 – 2 EL heißes Wasser
100 g Kokosraspel

- Den Backofen auf 180 °C vorheizen und ein Backblech mit Backpapier oder Dauerbackfolie belegen. Mit einem Messer die Vanilleschote der Länge nach aufschneiden und das Mark herausnehmen.
- Aus der Maisstärke, Reismehl, Zucker, Vanillemark oder Vanillinzucker, Butter und Rum oder Rosenwasser einen Teig kneten. Den Teig zu kleinen Kugeln formen und diese auf dem vorbereiteten Backblech im heißen Ofen (Mitte) etwa 10 Minuten backen.
- Für die Glasur Puderzucker mit etwas heißem Wasser verrühren. Die noch warmen Schneebälle dünn mit der Glasur überziehen und anschließend in Kokosraspeln wälzen. Auf einem Kuchengitter abkühlen und trocknen lassen.

Orangenplätzchen

Ergibt etwa 20 Stück

1 unbehandelte Bio-Orange
100 g Maisstärke
100 g Reisvollkornmehl
50 g Buchweizenmehl
180 g feiner Vollrohrzucker
150 g weiche Butter
100 g Schmand (saure Sahne)
2 EL Orangenmarmelade
1 TL frischer oder getrockneter Thymian, gehackt
(am besten frischer Thymian von der Fensterbank)
Roh-Rohrpuderzucker zum Bestäuben

- Die Orange gründlich waschen und anschließend mit einem Küchentuch abtrocknen. Mithilfe einer feinen Küchenreibe die Schale der Orange gleichmäßig abreiben. Die Orangenschale mit Maisstärke, den Mehlen, Zucker, Butter und Schmand gleichmäßig verkneten und zugedeckt mindestens 2 Stunden kalt stellen.
- Den Backofen auf 170 °C vorheizen und ein Backblech mit Backpapier oder Dauerbackfolie belegen. Aus dem Teig kirschgroße Kugeln formen und mit dem Daumen jeweils eine kleine Vertiefung eindrücken. Die Orangenmarmelade leicht erwärmen, mit dem Thymian verrühren und in die Vertiefungen füllen.
- Kugeln auf das vorbereitete Backblech legen und im heißen Ofen (Mitte) etwa 10 Minuten backen. Anschließend auf einem Kuchengitter mit Puderzucker bestäuben und auskühlen lassen.

Amarenakugeln

Ergibt etwa 30 Stück

200 g Mandeln, gemahlen
50 g glutenfreies Mais-Paniermehl
1 TL Zimt, gemahlen
100 g Roh-Rohrpuderzucker
3 frische Eier
etwa 30 Amarenakirschen oder 150 g Amarenakirschkonfitüre
etwa 350 g dunkle Kuvertüre (siehe Seite 18) oder Zartbitterkuvertüre für die Glasur

- Den Backofen auf 180 °C vorheizen und ein Backblech mit Backpapier oder Dauerbackfolie belegen. Die Mandeln mit Maisbröseln, Zimt, Puderzucker und Eiern zu einer glatten Masse verkneten. Mit feuchten Händen kirschgroße Kugeln aus dem Teig formen, mit dem Daumen jeweils eine kleine Vertiefung eindrücken und jeweils mit einer Amarenakische oder etwas Kirschkonfitüre füllen.
- Die Kugeln auf das vorbereitete Backblech legen und im heißen Ofen (Mitte) etwa 15 Minuten backen. Anschließend auf einem Kuchengitter abkühlen lassen.
- Die Kuvertüre im Wasserbad bei niedriger Temperatur schmelzen und die Kugeln darin von allen Seiten wenden. Auf einem Kuchengitter abtropfen und die Schokoladenglasur fest werden lassen.

Kulleraugen

Ergibt etwa 20 Stück

100 g Maisstärke
150 g Reisvollkornmehl
80 g Amarantmehl
140 g feiner Vollrohrzucker
2 frische Eigelb
300 g weiche Butter
etwa 200 g Fruchtkonfitüre
Roh-Rohrpuderzucker zum Bestäuben

- Aus Maisstärke, den Mehlen, Zucker, Eigelben und Butter einen Knetteig herstellen und diesen zugedeckt mindestens 2 Stunden kalt stellen.
- Nun den Backofen auf 180 °C vorheizen und ein Backblech mit Backpapier oder Dauerbackfolie belegen. Den gekühlten Teig zu etwa 3 cm großen Kugeln formen und jeweils zwei Kugeln aneinanderdrücken.
- Mit dem Daumen in jede Kugel eine kleine Mulde drücken. Die Fruchtkonfitüre leicht erwärmen, sodass sie flüssiger wird, und in die Mulden füllen. Die Kulleraugen anschließend im heißen Ofen (Mitte) etwa 10 Minuten backen.
- Die noch warmen Kulleraugen auf ein Kuchengitter legen, sofort mit Puderzucker bestäuben und abkühlen lassen.

Marzipanherzen

Ergibt etwa 20 Stück

etwa 10 Mandeln (geschälte)
250 g Marzipanrohmasse
1 frisches Eiweiß
2 EL Maisstärke
80 g Roh-Rohrpuderzucker
etwa 350 g dunkle Kuvertüre (siehe Seite 18) oder Zartbitterkuvertüre für die Glasur

- Die ganzen Mandeln mit kochendem Wasser überbrühen, kurz ziehen lassen, dann die dünnen Häutchen abziehen. Den Backofen auf 150 °C vorheizen und ein Backblech mit Backpapier oder Dauerbackfolie belegen. Die Mandelkerne der Länge nach halbieren.
- Marzipan mit Eiweiß, Maisstärke und Puderzucker glatt verkneten. Aus der Marzipanmasse gleich große Herzen formen und diese auf das vorbereitete Backblech legen.
- Einen halben Mandelkern in die Mitte jedes Herzens legen und leicht eindrücken. Die Herzen anschließend im heißen Ofen (Mitte) etwa 35 Minuten backen.
- Die Marzipanherzen etwas abkühlen lassen. Die dunkle Kuvertüre im Wasserbad bei mäßiger Temperatur schmelzen, Marzipanherzen auf eine dünne Gabel oder einen Holzspieß stecken und in die Glasur tauchen. Anschließend auf einem Kuchengitter abtropfen und abkühlen lassen.

Geht auch gut
(Masse zwischen Klarsichtfolie ausrollen und
Herzen ausstechen.

Shortbread

Ergibt etwa 20 Stück

1 Vanilleschote oder 1 EL Vanillinzucker (siehe Seite 17)
100 g Maisstärke
200 g Reisvollkornmehl
100 g Kastanienmehl
125 g feiner Vollrohrzucker
1 Prise Salz
2 frische Eigelb
250 g weiche Butter
etwas Mehl (Reis, Kastanie) zum Ausrollen

- Die Vanilleschote mit einem Messer der Länge nach aufschneiden und das Mark herauskratzen. Vanillemark oder Vanillinzucker mit der Maisstärke, den Mehlen, Zucker, Salz, Eigelben und Butter zu einem Knetteig verarbeiten und diesen abgedeckt mindestens 2 Stunden kalt stellen.
- Den Backofen auf 180 °C vorheizen und ein Backblech mit Backpapier oder Dauerbackfolie belegen. Den Teig auf der bemehlten Arbeitsfläche 0,5 cm dick ausrollen und mit einem Wellenrollmesser in 4 × 2 cm große Streifen schneiden.
- Steifen auf das vorbereitete Backblech legen und im heißen Ofen (Mitte) etwa 15 Minuten backen. Auf einem Kuchengitter erkalten lassen.

Englische Haferkekse – super – mit weniger Zucker

Ergibt etwa 25 Stück

150 g Butter
85 g feiner Vollrohrzucker
220 g glutenfreie Haferflocken
20 g Zuckerrübensirup

- Die Butter leicht erwärmen und anschließend mit Zucker, Haferflocken und Zuckerrübensirup gleichmäßig verkneten.
- Nun den Backofen auf 160 °C vorheizen und ein Backblech mit Backpapier oder Dauerbackfolie belegen. Die Hafermasse 20 × 20 cm groß auf das vorbereitete Backblech streichen (hierbei kann ein entsprechend großer Backrahmen hilfreich sein – oder aus Alufolie eine Form in dieser Größe basteln) und im heißen Ofen (Mitte) etwa 20 Minuten backen.
- Den Keksteig leicht abkühlen lassen und auf ein Holzbrett stürzen. Das Backpapier abziehen, den Keks in 4 × 4 cm große Stücke schneiden und anschließend auf einem Kuchengitter erkalten lassen.

Spekulatius

Ergibt etwa 30 Stück

150 g Kartoffelstärke
50 g Reisvollkornmehl
50 g Teffmehl
1 Päckchen glutenfreies Backpulver
125 g feiner Vollrohrzucker
1 Vanilleschote oder 1 EL Vanillinzucker (siehe Seite 17)
50 g Mandeln, gemahlen
1 EL Spekulatiusgewürz
1 frisches Ei
100 g weiche Butter
etwas Mehl (Reis, Teff) zum Ausrollen oder für die Spekulatiusform
2 EL Mandelblättchen zum Bestreuen

- Kartoffelstärke mit den Mehlen, Backpulver und Zucker mischen. Die Vanilleschote mit einem Messer der Länge nach aufschneiden und das Mark herausnehmen. Vanillemark oder Vanillinzucker mit den Mandeln, Spekulatiusgewürz, Ei und Butter zur Mehl-Zucker-Mischung geben und alles gleichmäßig zu einem glatten Teig verkneten. Teig anschließend abgedeckt mindestens 2 Stunden kalt stellen.
- Den Backofen auf 180 °C vorheizen und ein Backblech mit Backpapier oder Dauerbackfolie belegen. Gekühlten Teig entweder auf der bemehlten Arbeitsfläche 0,5 cm dick ausrollen und mit einer Spekulatiusrolle ausschneiden oder den Teig in die vorbereitete Spekulatiusform drücken.
- Die Unterseiten der Spekulatius mit Mandelblättchen bestreuen und diese leicht andrücken. Mit den Mandelseiten nach oben auf das vorbereitete Backblech legen und im heißen Ofen (Mitte) etwa 10 Minuten backen. Anschließend auf einem Kuchengitter erkalten lassen.

Aroniaecken

Ergibt etwa 20 Stück

1 EL getrocknete Aroniabeeren
Wasser zum Einweichen der Aroniabeeren
2 Vanilleschoten oder 2 EL Vanillinzucker (siehe Seite 17)
50 g Kartoffelstärke
100 g Kastanienmehl
90 g feiner Vollrohrzucker
1 Prise Salz
2 frische Eigelb
75 g weiche Butter
etwas Kastanienmehl zum Ausrollen
Roh-Rohrpuderzucker zum Bestäuben

- Die Aroniabeeren in eine Schüssel geben, mit etwas Wasser übergießen und 1 Stunde durchziehen lassen. Anschließend durch ein Sieb abgießen und die Beeren gut abtropfen lassen. Mit einem Messer die Vanilleschoten der Länge nach halbieren und das Mark herausnehmen.
- In einer Schüssel Kartoffelstärke und Kastanienmehl mit Zucker, Vanillemark oder Vanillinzucker, Salz, Eigelben, Butter und Aroniabeeren zu einem glatten Teig verkneten. Diesen abgedeckt mindestens 2 Stunden kalt stellen.
- Nun den Backofen auf 180 °C vorheizen und ein Backblech mit Backpapier oder Dauerbackfolie belegen. Auf einer bemehlten Arbeitsfläche den Teig etwa 0,5 cm dick ausrollen und mithilfe eines Rollmessers in kleine Dreiecke schneiden. Diese auf das vorbereitete Backblech legen und im heißen Ofen (Mitte) etwa 12 Minuten backen.
- Die noch warmen Aroniaecken mit Puderzucker bestäuben und auf einem Kuchengitter abkühlen lassen.

Kokos-Sesterze V

Ergibt etwa 30 Stück

100 g Reisvollkornmehl
100 g Buchweizenmehl Traubenkernmehl
1 gestrichener TL Johannisbrotkernmehl x
50 g Kokosraspel
100 g feiner Vollrohrzucker
1 Prise Salz
3 frische Eigelb
100 g weiche Butter

Für die Glasur und zum Wälzen:
150 g Roh-Rohrpuderzucker
1 – 2 EL heißes Wasser
100 g Kokosraspel

- Die Mehle mit den Kokosraspeln, Zucker, Salz, Eigelben und Butter in einer Schüssel zu einem glatten Knetteig verarbeiten. Teig zu einer 4 cm dicken Rolle formen und abgedeckt mindestens 2 Stunden kalt stellen.
- Nun den Backofen auf 175 °C vorheizen und ein Backblech mit Backpapier oder Dauerbackfolie belegen. Den gekühlten Teig in 0,5 cm dicke Scheiben schneiden, diese auf das vorbereitete Backblech legen und im heißen Ofen (Mitte) etwa 10 Minuten backen.
- Für die Glasur Puderzucker und Wasser in einer Schüssel verrühren. Die noch warmen Plätzchen an den Rändern durch die Glasur drehen und sofort in den Kokosraspeln wälzen, sodass ein Kokosrand um jedes Plätzchen entsteht. Anschließend auf einem Kuchengitter vollständig erkalten lassen.

Heidesand

Ergibt etwa 40 Stück

1 Vanilleschote oder 1 EL Vanillinzucker (siehe Seite 17)
100 g Maisstärke
100 g Kartoffelstärke
100 g Reisvollkornmehl
100 g Quinoamehl
250 g Mandeln, gemahlen
200 g feiner Vollrohrzucker
2 frische Eier
350 g weiche Butter

Für den Belag:
2 frische Eiweiß
150 g Mandeln, gehackt

- Mit einem Messer die Vanilleschote der Länge nach aufschneiden und das Mark herausnehmen. Die Maisstärke mit Kartoffelstärke, Reismehl, Quinoamehl, Mandeln, Zucker, Vanillemark oder Vanillinzucker, Eiern und Butter zu einem glatten, gleichmäßigen Teig verkneten. Teig zu einer 4 cm dicken Rolle formen und abgedeckt mindestens 2 Stunden kalt stellen.
- Den Backofen auf 175 °C vorheizen und ein Backblech mit Backpapier oder Dauerbackfolie belegen. Für den Belag auf einem Teller die Eiweiße verquirlen und die gehackten Mandeln auf einen anderen Teller geben.
- Nun die Teigrolle von allen Seiten gleichmäßig durch das Eiweiß drehen und anschließend in den gehackten Mandeln wälzen. Mandeln mit den Händen andrücken und die Rolle in 0,5 cm dicke Scheiben schneiden.
- Scheiben auf das vorbereitete Backblech legen und im heißen Ofen (Mitte) etwa 15 Minuten backen, bis sie goldgelb sind. Aus dem Ofen nehmen und auf einem Kuchengitter abkühlen lassen.

Amaretto-Cantuccini *

Ergibt etwa 25 Stück

1 Vanilleschote oder 1 EL Vanillinzucker (siehe Seite 17)
50 g Maisstärke
100 g Kastanienmehl
50 g Reisvollkornmehl
50 g Maisvollkornmehl
1 TL glutenfreies Backpulver
175 g feiner Vollrohrzucker
1 Prise Salz
2 frische Eier
25 g weiche Butter
150 g Mandelstifte
1 Fläschchen Bittermandelaroma

- Mit einem Messer die Vanilleschote der Länge nach aufschneiden und das Mark herausnehmen. Maisstärke, die Mehle, Backpulver, Vanillemark oder Vanillinzucker, Zucker und Salz mit Eiern, Butter, Mandelstiften und Bittermandelaroma zu einem Teig verkneten und diesen zugedeckt 30 Minuten an einem kühlen Ort ruhen lassen.
- Nun den Backofen auf 200 °C vorheizen und ein Backblech mit Backpapier oder Dauerbackfolie belegen. Aus dem Teig 20 – 25 cm lange und 3 – 4 cm dicke Rollen formen und diese auf dem vorbereiteten Backblech im heißen Ofen (Mitte) etwa 15 Minuten backen.
- Rollen kurz abkühlen lassen, noch warm in etwa 1 cm dicke Scheiben schneiden und diese nochmals 10 Minuten backen. Anschließend auf einem Kuchengitter abkühlen lassen.

Ingwer-Rosmarin-Cantuccini

Ergibt etwa 25 Stück

2 Vanilleschoten oder 2 EL Vanillinzucker (siehe Seite 17)
7 g frische Ingwerwurzel
1 EL frische oder getrocknete Rosmarinnadeln
(am besten frischer Rosmarin von der Fensterbank)
100 g Kartoffelstärke
150 g Kastanienmehl
1 Päckchen glutenfreies Backpulver
120 g feiner Vollrohrzucker
3 frische Eier
25 g weiche Butter
125 g Mandeln

- Mit einem Messer die Vanilleschoten der Länge nach aufschneiden und das Mark herausnehmen. Den Ingwer schälen und klein schneiden, den Rosmarin hacken. Ingwer, Rosmarin, Vanillemark oder Vanillinzucker mit Kartoffelstärke, Kastanienmehl, Backpulver und Zucker sowie Eiern, Butter und den ganzen Mandeln in einer Schüssel zu einem glatten Teig verkneten. Teig abgedeckt 30 Minuten kalt stellen.
- Nun den Backofen auf 175 °C vorheizen und ein Backblech mit Backpapier oder Dauerbackfolie belegen. Aus der Teigmasse 20 cm lange und 4 cm dicke Rollen formen. Diese auf das vorbereitete Backblech legen und im heißen Ofen (Mitte) etwa 15 Minuten backen.
- Die Rollen kurz abkühlen lassen, dann in etwa 1 cm dicke Scheiben schneiden und diese im heißen Ofen (Mitte) 10 Minuten weiterbacken, bis sie einen goldgelbe Farbe haben. Cantuccini aus dem Ofen nehmen und auf einem Kuchengitter abkühlen lassen.

Pistaziensterne

Ergibt etwa 30 Stück

1 Vanilleschote oder 1 EL Vanillinzucker (siehe Seite 17)
75 g Maisstärke
75 g Kastanienmehl
3 EL Pistazien, gemahlen
150 g feiner Vollrohrzucker
150 g weiche Butter
etwas Kastanienmehl zum Ausrollen

Für den Belag:
200 g Roh-Rohrpuderzucker
2 EL heißes Wasser
2 EL Pistazien, fein gehackt

- Mit einem Messer die Vanilleschote der Länge nach aufschneiden und das Mark herausnehmen. Maisstärke und Kastanienmehl mit den gemahlenen Pistazien, Zucker, Vanillemark oder Vanillinzucker und Butter zu einem glatten Knetteig verarbeiten. Diesen anschließend abgedeckt mindestens 2 Stunden kalt stellen.
- Den Backofen auf 200 °C vorheizen und ein Backblech mit Backpapier oder Dauerbackfolie belegen. Den Teig auf der bemehlten Arbeitsfläche etwa 0,5 cm dick ausrollen, kleine Sterne ausstechen und diese auf dem vorbereiteten Backblech im heißen Ofen (Mitte) etwa 12 Minuten backen.
- Für den Belag Puderzucker mit etwas heißem Wasser zu einer Glasur verrühren und die noch lauwarmen Sterne damit bestreichen. Mit gehackten Pistazien garnieren und auf einem Kuchengitter abkühlen und die Glasur fest werden lassen.

Mohnsterne

Ergibt etwa 30 Stück

1 Vanilleschote oder 1 EL Vanillinzucker (siehe Seite 17)
150 g Maisstärke
175 g Reisvollkornmehl
1 EL Mohn, gemahlen
150 g feiner Vollrohrzucker
1 Prise Salz
1 frisches Ei
200 g weiche Butter
etwas Reisvollkornmehl zum Ausrollen
Roh-Rohrpuderzucker zum Bestäuben

- Mit einem Messer die Vanilleschote der Länge nach aufschneiden und das Mark herausnehmen. Maisstärke, Reismehl, Mohn, Zucker, Vanillemark oder Vanillinzucker und Salz mit Ei und Butter zu einem glatten Knetteig verarbeiten und diesen abgedeckt mindestens 2 Stunden kalt stellen.
- Den Backofen auf 180 °C vorheizen und ein Backblech mit Backpapier oder Dauerbackfolie belegen. Den Teig auf der bemehlten Arbeitsfläche 0,5 cm dick ausrollen und mit einem Plätzchenausstecher Sterne ausstechen. Sterne auf das vorbereitete Backblech legen und im heißen Ofen (Mitte) etwa 12 Minuten backen.
- Die noch warmen Sterne mit Puderzucker bestäuben und auf einem Kuchengitter abkühlen lassen.

Eisblumen

Ergibt etwa 25 Stück

1 Vanilleschote oder 1 EL Vanillinzucker (siehe Seite 17)
50 g Maisstärke
200 g Reisvollkornmehl
50 g Mandeln, gemahlen
100 g feiner Vollrohrzucker
2 frische Eigelb
180 g weiche Butter
etwas Reisvollkornmehl zum Ausrollen

Für die Glasur:
150 g Roh-Rohrpuderzucker
2 EL Milch

- Mit einem Messer die Vanilleschote der Länge nach aufschneiden und das Mark herausnehmen. Aus Maisstärke, Reismehl, Mandeln, Zucker, Vanillemark oder Vanillinzucker, Eigelben und Butter einen Knetteig herstellen. Diesen anschließend abgedeckt mindestens 2 Stunden kalt stellen.
- Den Backofen auf 180 °C vorheizen und ein Backblech mit Backpapier oder Dauerbackfolie belegen. Gekühlten Teig 0,5 cm dick auf der bemehlten Arbeitsfläche ausrollen. Mit einem Plätzchenausstecher Blumen ausstechen und diese auf das vorbereitete Backblech legen.
- Puderzucker und Milch zu einer glatten Glasur verrühren und sternförmig auf die Plätzchen auftragen. Die Plätzchen dann im heißen Ofen (Mitte) etwa 15 Minuten backen. Die Plätzchen anschließend auf einem Kuchengitter abkühlen lassen.

Kräuter-Apfel-Kekse

Ergibt etwa 25 Stück

1 Apfel
3 Tropfen Zitronensaft, frisch gepresst
1 EL frischer Thymian
(am besten frischer Thymian von der Fensterbank)
2 Vanilleschoten oder 2 EL Vanillinzucker (siehe Seite 17)
250 g Reisvollkornmehl
½ Päckchen glutenfreies Backpulver
60 g feiner Vollrohrzucker
3 frische Eier
100 g weiche Butter
Roh-Rohrpuderzucker zum Bestäuben

- Den Apfel schälen, Kerngehäuse entfernen, Apfel klein schneiden und mit Zitronensaft beträufeln. Den Thymian hacken. Mit einem Messer die Vanilleschoten der Länge nach aufschneiden und das Mark herausnehmen.
- In einer Schüssel Reismehl und Backpulver mit Zucker, Vanillemark oder Vanillinzucker, Eiern, Butter sowie Thymian gleichmäßig verkneten. Die Apfelstückchen einarbeiten, den Teig zu einer 4 cm dicken Rolle formen und abgedeckt mindestens 2 Stunden kalt stellen.
- Nun den Backofen auf 200 °C vorheizen und ein Backblech mit Backpapier oder Dauerbackfolie belegen. Die Teigrolle in 0,5 cm dicke Scheiben schneiden und diese auf dem vorbereiteten Backblech im heißen Ofen (Mitte) etwa 10 Minuten backen.
- Die Kekse auf einem Kuchengitter mit Puderzucker bestäuben und vollständig erkalten lassen.

Zitronentaler

Ergibt etwa 30 Stück

1 Vanilleschote oder 1 EL Vanillinzucker (siehe Seite 17)
150 g Reisvollkornmehl
150 g Amarantmehl
100 g Mandeln, gemahlen
100 g feiner Vollrohrzucker
200 g weiche Butter
1 frisches Ei
1 unbehandelte Bio-Zitrone

Für die Glasur:
200 g Roh-Rohrpuderzucker
2 EL heißes Wasser

- Mit einem Messer die Vanilleschote der Länge nach aufschneiden und das Mark herausnehmen. Die Mehle mit Mandeln, Zucker, Vanillemark oder Vanillinzucker, Butter und Ei zu einem Knetteig verarbeiten.
- Die Zitrone gründlich waschen und mit einem Tuch trockenreiben. Zitronenschale mit einer feinen Reibe abreiben. 1 EL abgeriebene Schale zur Seite stellen. Restliche Schale in den Teig einarbeiten, diesen zu einer etwa 4 cm dicken Rolle formen und abgedeckt mindestens 2 Stunden kalt stellen.
- Nun den Backofen auf 180 °C vorheizen und ein Backblech mit Backpapier oder Dauerbackfolie belegen. Die Teigrolle in etwa 0,5 cm dicke Scheiben schneiden und diese auf dem vorbereiteten Backblech im heißen Ofen (Mitte) etwa 8 Minuten backen.
- Puderzucker mit etwas heißem Wasser zu einer Zuckerglasur anrühren, die noch warmen Taler damit bestreichen. Mit dem restlichen Zitronenschalenabrieb garnieren. Auf einem Kuchengitter abkühlen lassen.

Marzipantaler

Ergibt etwa 20 Stück

200 g Marzipanrohmasse
100 g Roh-Rohrpuderzucker
1 EL Maisstärke
1 TL abgeriebene Orangenschale
1 frisches Eigelb
1 EL Pistazien, fein gehackt
200 g dunkle Kuvertüre (siehe Seite 18) oder Zartbitterkuvertüre für die Glasur

- Den Backofen auf 180 °C vorheizen und ein Backblech mit Backpapier oder Dauerbackfolie belegen. Marzipanrohmasse mit Puderzucker, Maisstärke, Orangenschale und Eigelb sowie Pistazien gleichmäßig verkneten und zu einer 3 cm dicken Rolle formen.
- Die Rolle in 0,5 cm dicke Scheiben schneiden und diese auf dem vorbereiteten Backblech im heißen Ofen (Mitte) 6 Minuten backen. Anschließend auf einem Kuchengitter abkühlen lassen.
- Für die Glasur die Kuvertüre im Wasserbad bei mäßiger Hitze schmelzen und die Taler zur Hälfte in die Kuvertüre eintauchen. Auf einem Kuchengitter abtropfen und die Glasur fest werden lassen.

Maronenplätzchen *

Ergibt etwa 35 Stück

100 g Maronen
1 Vanilleschote oder 1 EL Vanillinzucker (siehe Seite 17)
150 g Reisvollkornmehl
100 g Kastanienmehl
1 gestrichener TL Johannisbrotkernmehl
150 g feiner Vollrohrzucker
1 Prise Salz
2 frische Eigelb
200 g weiche Butter

Für die Glasur:
1 frisches Eigelb
1 EL Milch

- Die Maronen rösten, schälen und klein hacken. Mit einem Messer die Vanilleschote der Länge nach aufschneiden und das Mark herausnehmen. 1 EL gehackte Maronen zur Seite stellen.
- Restliche Maronen mit den Mehlen, Zucker, Vanillemark oder Vanillinzucker, Salz, Eigelben und Butter in einer Schüssel zu einem glatten Knetteig verarbeiten. Diesen zu einer 4 cm dicken Rolle formen und abgedeckt mindestens 2 Stunden kalt stellen.
- Den Backofen auf 200 °C vorheizen und ein Backblech mit Backpapier oder Dauerbackfolie belegen. Die Teigrolle in 0,5 cm dicke Scheiben schneiden und diese auf das vorbereitete Backblech legen.
- Für die Glasur Eigelb und Milch mit einer Gabel verquirlen und die Plätzchen damit bestreichen. Mit den zur Seite gestellten Maronen belegen und im heißen Ofen (Mitte) etwa 15 Minuten backen.
- Die Plätzchen aus dem Ofen nehmen und auf einem Kuchengitter abkühlen lassen.

Einfache Schokotaler

Ergibt etwa 30 Stück

1 Vanilleschote oder 1 EL Vanillinzucker (siehe Seite 17)
100 g Maisstärke
100 g Kastanienmehl
2 EL Kakaopulver
100 g feiner Vollrohrzucker
1 Prise Salz
3 frische Eigelb
100 g weiche Butter
100 g Zartbitterschokolade, geraspelt
Roh-Rohrpuderzucker zum Bestäuben

- Mit einem Messer die Vanilleschote der Länge nach aufschneiden und das Mark herausnehmen. Maisstärke, Kastanienmehl, Kakaopulver, Zucker, Salz, Vanillemark oder Vanillinzucker mit den Eigelben, Butter und geraspelter Schokolade zu einem glatten Teig verkneten. Teig zu einer 3 cm dicken Rolle formen und abgedeckt mindestens 2 Stunden kalt stellen.
- Den Backofen auf 180 °C vorheizen und ein Backblech mit Backpapier oder Dauerbackfolie belegen. Teigrolle in 0,5 cm dicke Scheiben schneiden und diese auf das vorbereitete Backblech legen. Im heißen Ofen (Mitte) etwa 10 Minuten backen.
- Schokotaler auf einem Kuchengitter mit Puderzucker bestäuben und auskühlen lassen.

Marmorscheiben

Ergibt etwa 35 Stück

1 Vanilleschote oder 1 EL Vanillinzucker (siehe Seite 17)
50 g Maisstärke
200 g Reisvollkornmehl
50 g Quinoamehl
1 TL glutenfreies Backpulver
100 g feiner Vollrohrzucker
1 frisches Ei
200 g weiche Butter
3 EL Kakaopulver

- Mit einem Messer die Vanilleschote der Länge nach aufschneiden und das Mark herausnehmen. Die Maisstärke mit den Mehlen, Backpulver, Zucker, Vanillemark oder Vanillinzucker, Ei und Butter zu einem glatten Teig verkneten.
- Teig halbieren und das Kakaopulver gleichmäßig in die eine Hälfte einkneten. Nun die beiden Teighälften so miteinander verkneten, dass der Teig marmoriert ist. Den Teig zu einer 3 cm dicken Rolle formen und abgedeckt mindestens 2 Stunden kalt stellen.
- Den Backofen auf 180 °C vorheizen und ein Backblech mit Backpapier oder Dauerbackfolie belegen. Die gekühlte Teigrolle in 0,5 cm dicke Scheiben schneiden und diese auf dem vorbereiteten Backblech im heißen Ofen (Mitte) etwa 12 Minuten backen. Anschließend auf einem Kuchengitter erkalten lassen.

Walnusstaler *

Ergibt etwa 30 Stück

1 Vanilleschote oder 1 EL Vanillinzucker (siehe Seite 17)
150 g Maisstärke
75 g Kastanienmehl
200 g Walnüsse, gemahlen
1 MSP glutenfreies Backpulver
225 g feiner Vollrohrzucker
225 g weiche Butter
etwas Kastanienmehl zum Ausrollen

Für den Belag:
1 EL Milch
1 frisches Eigelb
etwa 30 Walnusshälften

- Mit einem Messer die Vanilleschote der Länge nach aufschneiden und das Mark herausnehmen. Aus Maisstärke, Kastanienmehl, gemahlenen Walnüssen, Backpulver, Zucker, Vanillemark oder Vanillinzucker und der Butter einen Knetteig herstellen und diesen abgedeckt mindestens 2 Stunden kalt stellen.
- Den Backofen auf 180 °C vorheizen und ein Backblech mit Backpapier oder Dauerbackfolie belegen. Teig auf der bemehlten Arbeitsfläche 0,5 cm dick ausrollen, Taler ausstechen und diese auf das vorbereitete Backblech legen.
- Für den Belag Milch mit Eigelb verquirlen. Die Taler auf den Oberseiten damit bestreichen, jeweils mit einer Walnusshälfte belegen und im heißen Ofen (Mitte) etwa 10 Minuten backen. Anschließend auf einem Kuchengitter auskühlen lassen.

Geschenktüte oder Tischlaterne basteln

Benötigtes Material:
1 Wachspapier, Größe DIN A4
Klebstoff

Anleitung:
1. Das Wachspapierblatt quer vor sich auf den Tisch legen.

2. 8 cm von oben nach unten umfalten und gefaltet lassen.

3. Die linke Seite so weit nach rechts falten, dass rechts ein 2 cm breiter Rand sichtbar bleibt.

4. Den 2 cm breiten Rand nach links umknicken, in das darüberliegende Blattende hinein.

5. Nun den 2 cm breiten Blattrand von beiden Seiten mit dem darüberliegenden Blattende verkleben (zur Rolle). Nur dort kleben, wo es überlappt.

6. Für den Tütenboden vom unteren Rand des Papiers 5 cm nach oben falten und wieder zurückknicken.

7. Die linke untere Ecke an diese Falzkante hochschlagen und wieder zurück. Auf der rechten Seite genauso verfahren.

8. Nun das ganze Blatt wenden und die beiden eben gefalzten Ecken nochmals falzen (gegenfalzen).

9. Jetzt die werdende Tüte rechts und links an der Falzlinie mit Daumen und Mittelfingern der rechten und linken Hand festhalten, sodass der 5 cm breite Rand senkrecht nach oben steht. Mit den Zeigefingern auf beiden Seiten die an den Ecken vorgefalteten Dreiecke eindrücken und flach auf den Tisch drücken.

10. Die zum Körper hin zeigende Hälfte des werdenden Tütenbodens ein Stück über die Mittellinie nach oben falten, sodass eine Trapezform entsteht.

11. Die äußeren Dreiecke dieses Trapezes (auf der vom Körper weg zeigenden Seite) mit Klebstoff einstreichen und festkleben. Achtung: Nicht in der Mitte kleben, sonst klebt der Boden an der Tütenwand.

12. Die Arbeitsschritte 10. und 11. mit der zum Körper weg zeigenden Hälfte des werdenden Tütenbodens wiederholen. Anschließend den Kleber gut trocknen lassen.

13. Die Tüte so auf den Tisch legen, dass der Tütenboden links und die Tütenöffnung auf der rechten Seite ist. Die Tüte von oben nach unten so falten, dass der Tütenboden in der linken oberen Ecke einen rechten Winkel hat. Wieder auffalten. Mit der gegenüberliegenden Seite (von unten nach oben) ebenso verfahren.

14. Die Tüte wenden. Die eben gemachten Faltlinien nochmals falten und wieder auffalten.

15. In die Tüte hineinfassen und sie aufrichten. Fertig ist die Tüte!
    Sie kann als Verpackung für ein kleines Geschenk dienen, mit Plätzchen oder Bonbons gefüllt oder als Tischlaternchen mit einem Teelicht (dieses eventuell im Glas) genutzt werden.

Linzer Plätzchen

Ergibt etwa 20 Stück

1 Vanilleschote oder 1 EL Vanillinzucker (siehe Seite 17)
200 g Maisstärke
200 g Teffmehl
200 g feiner Vollrohrzucker
5 frische Eigelb
200 g weiche Butter
etwas Teffmehl zum Ausrollen
250 g Preiselbeerkonfitüre

Für den Belag:
1 frisches Eigelb
100 g Mandelblättchen
Roh-Rohrpuderzucker zum Bestäuben

- Mit einem Messer die Vanilleschote der Länge nach aufschneiden und das Mark entnehmen. Vanillemark oder Vanillinzucker in einer Schüssel mit Maisstärke, Teffmehl, Zucker, Eigelben und Butter zu einem Knetteig verarbeiten und diesen abgedeckt mindestens 2 Stunden kalt stellen.
- Backofen auf 180 °C vorheizen und ein Backblech mit Backpapier oder Dauerbackfolie belegen. Teig auf der bemehlten Arbeitsfläche etwa 0,5 cm dick ausrollen, Kreise von etwa 5 cm Durchmesser ausstechen und auf das vorbereitete Backblech legen. Mit Preiselbeerkonfitüre bestreichen.
- Die Teigreste verkneten, etwa 3 mm dick ausrollen und in 0,5 cm breite Streifen schneiden. Diese gitterartig über die einzelnen Plätzchen verteilen und leicht andrücken.
- Für den Belag das Eigelb mit einer Gabel verquirlen, die Plätzchen damit bestreichen, mit Mandelblättchen bestreuen und anschließend im heißen Ofen (Mitte) 15 Minuten backen. Aus dem Ofen nehmen, auf einem Kuchengitter mit Puderzucker bestäuben und auskühlen lassen.

Nougathäppchen

Ergibt etwa 20 Stück

1 Vanilleschote oder 1 EL Vanillinzucker (siehe Seite 17)
200 g Maisstärke
150 g Reisvollkornmehl
150 g Teffmehl
250 g feiner Vollrohrzucker
2 frische Eier
250 g weiche Butter
250 g weiße Nougatmasse
(siehe Seite 20 für selbst gemachte weiße Nougatmasse)

- Mit einem Messer die Vanilleschote der Länge nach aufschneiden und das Mark herausnehmen. Maisstärke, die Mehle, Zucker, Vanillemark oder Vanillinzucker, Eier und Butter zu einem Knetteig verarbeiten. Diesen zu einer 2 cm dicken Rolle formen und abgedeckt mindestens 2 Stunden kalt stellen.
- Nun den Backofen auf 200 °C vorheizen und ein Backblech mit Backpapier oder Dauerbackfolie belegen. Gekühlten Teig in 0,5 cm dicke Scheiben schneiden und diese auf dem vorbereiteten Backblech im heißen Ofen (Mitte) etwa 10 Minuten backen.
- Die Nougatmasse erhitzen, sodass sie streichfähig wird. Jeden zweiten Taler noch warm damit bestreichen und jeweils einen nicht mit Nougat versehenen Taler daraufsetzen.
- Häppchen auf einem Kuchengitter vollständig erkalten lassen.

Mozarts Happen

Ergibt etwa 20 Stück

50 g Pistazien, fein gehackt
100 g Maisstärke
100 g Reisvollkornmehl
100 g Kastanienmehl
70 g feiner Vollrohrzucker
2 frische Eigelb
180 g weiche Butter
100 g Marzipanrohmasse
1 EL Amaretto oder ½ Fläschchen Bittermandelaroma
150 g Nougatmasse (siehe Seite 19 für selbst gemachte Nougatmasse)
150 g dunkle Kuvertüre (siehe Seite 18)
oder Zartbitterkuvertüre für die Glasur

- Von den gehackten Pistazien 1 EL zur Seite stellen. Restliche Pistazien mit der Maisstärke, den Mehlen, Zucker, Eigelben, Butter, Marzipanrohmasse und Amaretto oder Bittermandelaroma zu einem glatten Teig verkneten. Teig zu einer 3 cm dicken Rolle formen und abgedeckt mindestens 2 Stunden kalt stellen.
- Nun den Backofen auf 180 °C vorheizen und ein Backblech mit Backpapier oder Dauerbackfolie belegen. Den Teig in 0,5 cm dicke Scheiben schneiden und diese auf dem vorbereiteten Backblech im heißen Ofen (Mitte) etwa 15 Minuten backen.
- Das Nougat erwärmen, sodass es streichfähig wird. Jedes zweite Plätzchen damit bestreichen und jeweils ein nicht mit Nougat versehenes Plätzchen daraufsetzen.
- Kuvertüre im Wasserbad bei mäßiger Hitze schmelzen und mithilfe eines Löffels als schnelles, dünnes Streifenmuster über die Plätzchen verteilen. Mit den zur Seite gestellten Pistazien verzieren und das Gebäck auf einem Kuchengitter trocknen lassen.

Vanille-Hagebutten-Strudelchen

Ergibt etwa 30 Stück

1 Vanilleschote oder 1 EL Vanillinzucker (siehe Seite 17)
200 g Reisvollkornmehl
100 g feiner Vollrohrzucker
1 Prise Salz
2 frische Eigelb
100 g weiche Butter
etwas Reisvollkornmehl zum Ausrollen
2 EL Hagebuttenkonfitüre

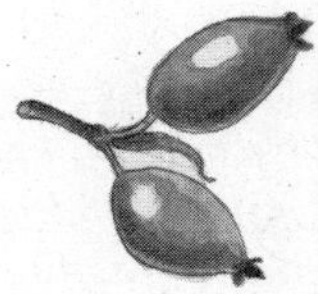

Zum Wälzen:
2 EL Roh-Rohrpuderzucker
2 EL Vanillezucker oder Vanillinzucker

- Mit einem Messer die Vanilleschote der Länge nach aufschneiden und das Mark herausnehmen. Das Reismehl mit Zucker, Vanillemark oder Vanillinzucker, Salz, Eigelben und Butter gleichmäßig verkneten und abgedeckt mindestens 2 Stunden kalt stellen.
- Backofen auf 180 °C vorheizen und ein Backblech mit Backpapier oder Dauerbackfolie belegen. Teig auf der bemehlten Arbeitsfläche etwa 0,5 cm dick ausrollen.
- Hagebuttenkonfitüre erwärmen, sodass sie streichfähig ist, und den ausgerollten Teig damit bestreichen. Teig aufrollen und in 0,5 cm dicke Scheiben schneiden. Diese auf dem vorbereiteten Backblech im heißen Ofen (Mitte) etwa 15 Minuten backen.
- Puderzucker mit Vanillezucker oder Vanillinzucker in einem Schälchen mischen und die noch warmen Strudelchen darin wälzen. Anschließend auf einem Kuchengitter abkühlen lassen.

Schwarz-Weiß-Gebäck

Ergibt etwa 20 Stück

100 g Maisstärke
150 g Amarantmehl
125 g Mandeln, gemahlen
1 TL glutenfreies Backpulver
100 g feiner Vollrohrzucker
2 frische Eigelb
170 g weiche Butter
1 Vanilleschote oder 1 EL Vanillinzucker (siehe Seite 17)
4 EL Carobpulver oder Kakaopulver
etwas Amarantmehl zum Ausrollen

Zum Bestreichen:
1 frisches Eigelb
1 EL Milch

- Aus Maisstärke, Amarantmehl, Mandeln, Backpulver, Zucker, Eigelben und Butter einen glatten Knetteig herstellen. Mit einem Messer die Vanilleschote der Länge nach aufschneiden, das Mark herausnehmen. Vanillemark oder Vanillinzucker in den Teig einarbeiten und den Teig halbieren. Eine Teighälfte mit Carobpulver oder Kakaopulver verkneten. Beide Teighälften abgedeckt mindestens 2 Stunden kalt stellen.
- Jeweils zwei Drittel der beiden Teigportionen auf einer bemehlten Arbeitsfläche 1 cm dick ausrollen und in 1 cm breite Streifen schneiden.
- Eigelb mit Milch verquirlen, die Stangen damit bestreichen. Jeweils zwei dunkle und zwei helle Stangen wie ein Schachbrett aneinanderlegen und leicht andrücken. Die entstandenen Stangen mit der Eimischung bestreichen. (Wer die Plätzchen nicht schachbrettartig machen möchte, kann die Teige auch ineinanderkneten, sodass gefleckte Plätzchen entstehen.)
- Die beiden restlichen Teigdrittel 0,5 cm dick ausrollen und die Stangen damit umwickeln. Abgedeckt 1 Stunde kalt stellen.
- Den Backofen auf 180 °C vorheizen, ein Backblech mit Backpapier oder Dauerbackfolie belegen. Die Teigstangen in 0,5 cm dicke Scheiben schneiden, diese auf dem vorbereiteten Blech im heißen Ofen (Mitte) etwa 15 Minuten backen. Auf einem Kuchengitter abkühlen lassen.

Pinien-Schoko-Ecken

Ergibt etwa 20 Stück

1 Vanilleschote oder 1 EL Vanillinzucker (siehe Seite 17)
100 g Maisstärke
200 g Reisvollkornmehl
50 g Kakaopulver
120 g Roh-Rohrpuderzucker
1 Prise Salz
2 frische Eier
150 g weiche Butter
50 g Pinienkerne

- Die Vanilleschote mit einem Messer der Länge nach aufschneiden, das Mark herauskratzen. Vanillemark oder Vanillinzucker in einer Schüssel mit Maisstärke, Reismehl, Kakaopulver, Zucker und Salz sowie Eiern, Butter und Pinienkernen zu einem Teig verkneten. Teig zu einer quadratischen, etwa 3 × 3 cm dicken Stange formen und diese abgedeckt mindestens 2 Stunden kalt stellen.
- Den Backofen auf 180 °C vorheizen und ein Backblech mit Backpapier oder Dauerbackfolie belegen. Anschließend den gekühlten Teig in 0,5 cm dicke Scheiben schneiden, diese jeweils diagonal halbieren und die entstandenen Dreiecke auf dem vorbereiteten Backblech im heißen Ofen (Mitte) etwa 8 Minuten backen. Auf einem Kuchengitter erkalten lassen.

Italienische Pangani

Ergibt etwa 30 Stück

1 Vanilleschote oder 1 EL Vanillinzucker (siehe Seite 17)
100 g Maisstärke
200 g Reisvollkornmehl
200 g Kastanienmehl
50 g Mandeln, gemahlen
300 g feiner Vollrohrzucker
1 frisches Ei
200 g weiche Butter
3 EL Milch
1 Fläschchen Bittermandelaroma
etwa 300 g dunkle Kuvertüre (siehe Seite 18) oder Zartbitterkuvertüre für die Glasur

- Die Vanilleschote der Länge nach mit einem Messer aufschneiden und das Mark herausnehmen. Vanillemark oder Vanillezucker mit Maisstärke, den Mehlen, Mandeln, Zucker, Ei, Butter, Milch und Bittermandelaroma zu einem Knetteig verarbeiten. Den Teig zu einer quadratischen, etwa 2 × 2 cm dicken Stange formen und abgedeckt mindestens 2 Stunden kalt stellen.
- Backofen auf 190 °C vorheizen und ein Backblech mit Backpapier oder Dauerbackfolie belegen. Den Teig in 0,5 cm dicke Scheiben schneiden, auf das vorbereitete Backblech legen und im heißen Ofen (Mitte) etwa 15 Minuten backen.
- Für die Glasur die Kuvertüre im warmen Wasserbad schmelzen und die lauwarmen Pangani zur Hälfte diagonal in die Kuvertüre eintauchen. Auf einem Kuchengitter abtropfen und auskühlen lassen.

Pistazien-Schoko-Cookies

Ergibt etwa 30 kleine Stück

1 Vanilleschote oder 1 EL Vanillinzucker (siehe Seite 17)
80 g weiche Butter
60 g feiner Vollrohrzucker
1 MSP Zimt, gemahlen
1 frisches Ei
100 g Maisstärke
50 g Reisvollkornmehl
½ Päckchen glutenfreies Backpulver
50 g Pistazien, gehackt
50 g Zartbitterschokolade, gehackt

- Den Backofen auf 180 °C vorheizen und ein Backblech mit Backpapier oder Dauerbackfolie belegen. Mit einem Messer die Vanilleschote der Länge nach aufschneiden und das Mark herausnehmen.
- Butter, Zucker, Vanillemark oder Vanillinzucker, Zimt und Ei verrühren. Diese Creme mit Maisstärke, Reismehl und Backpulver mischen, sodass ein gleichmäßiger Teig entsteht. Die gehackten Pistazien und Schokostückchen unterheben. Mit zwei Teelöffeln kleine Häufchen der Masse auf das vorbereitete Backblech geben.
- Gebäck anschließend im heißen Ofen (Mitte) etwa 12 Minuten backen. Aus dem Ofen nehmen und auf einem Kuchengitter erkalten lassen.

Makronen, Lebkuchen & Plätzchen, geschnitten vom Blech

Zimtwölkchen

Ergibt etwa 20 Stück

2 frische Eiweiß
1 Prise Salz
100 g Roh-Rohrpuderzucker
1 TL Maisstärke
½ TL Zimt, gemahlen

- Den Backofen auf 120 °C vorheizen und ein Backblech mit Backpapier oder Dauerbackfolie belegen. Eiweiße mit Salz zu steifem Schnee schlagen. Vorsichtig nach und nach Puderzucker, Maisstärke und Zimt durch ein Sieb auf den Eischnee streichen und untermischen.
- Mithilfe von zwei Teelöffeln kleine Häufchen der Masse auf das vorbereitete Backblech geben und im heißen Ofen (Mitte) 35 Minuten backen. Anschließend auf einem Kuchengitter abkühlen lassen.

Amarettini

Ergibt etwa 50 Stück

120 g Roh-Rohrpuderzucker
150 g Marzipanrohmasse
½ Fläschchen Bittermandelaroma
2 frische Eiweiß
1 Prise Salz
Roh-Rohrpuderzucker zum Bestäuben

- Puderzucker mit zerkleinerter Marzipanrohmasse und Bittermandelaroma sowie 1 Eiweiß im Wasserbad bei etwa 35 °C erwärmen und verrühren.
- Das zweite Eiweiß mit Salz zu steifem Schnee schlagen, zur Marzipanmasse geben und vorsichtig untermischen.
- Ein Backblech mit Backpapier oder Dauerbackfolie belegen. Marzipanmasse in einen Spritzbeutel mit Lochtülle füllen und kleine Häufchen der Masse auf das vorbereitete Backblech spritzen (die fertigen Amarettini sind sehr klein, 1 – 2 cm groß). Nun bei Zimmertemperatur 1 Stunde stehen lassen. Backofen auf 150 °C vorheizen und die Amarettini im Ofen (Mitte) etwa 25 Minuten backen, bis sie goldgelb sind.
- Amarettini aus dem Ofen nehmen, leicht abkühlen lassen und mit Puderzucker bestäuben. Auf einem Kuchengitter auskühlen lassen.

Mandelbiscotti

Ergibt etwa 30 Stück

250 g Roh-Rohrpuderzucker
1 EL Amaretto oder ½ Fläschchen Bittermandelaroma
200 g Mandeln, gemahlen
3 frische Eiweiß
1 Prise Salz

- Den Backofen auf 150 °C vorheizen und ein Backblech mit Backpapier oder Dauerbackfolie belegen. Puderzucker, Amaretto oder Bittermandelaroma und Mandeln in einer Schüssel verrühren. Die Eiweiße mit der Prise Salz zu steifem Schnee schlagen. Eischnee löffelweise zur Puderzuckermasse geben und unterheben, dabei nur so viel Eischnee einarbeiten, dass sich eine zähflüssige, aber cremige Masse mit Stand ergibt. Nun aus der Masse kleine Kugeln formen, flach drücken und auf das vorbereitete Backblech legen.
- Den restlichen Eischnee auf den Plätzchen verteilen und diese im heißen Ofen (Mitte) etwa 40 Minuten backen. Anschließend auf einem Kuchengitter abkühlen lassen.

Mandelmakronen

Ergibt etwa 20 Stück

2 frische Eiweiß
1 Prise Salz
100 g Roh-Rohrpuderzucker
50 g Marzipanrohmasse
100 g Mandeln, gemahlen

- Den Backofen auf 120 °C vorheizen und ein Backblech mit Backpapier oder Dauerbackfolie belegen. Die Eiweiße mit der Prise Salz zu sehr steifem Schnee schlagen. Den Puderzucker durch ein Sieb streichen.
- Marzipanmasse zerkleinern und im Wasserbad leicht erwärmen, um sie geschmeidiger zu machen. Anschließend mit gesiebtem Puderzucker und Mandeln vorsichtig und gleichmäßig unter den Eischnee heben.
- Mithilfe von zwei Teelöffeln die Masse in Form kleiner Makronen auf das vorbereitete Backblech geben und im heißen Ofen (Mitte) etwa 20 Minuten backen. Die Makronen sollten dann noch etwas weich und im Inneren etwas feucht sein, beim Abkühlen trocknen sie nach. Auf einem Kuchengitter abkühlen lassen.

Holländische Makronen

Ergibt etwa 25 Stück

2 frische Eiweiß
1 Prise Salz
220 g feiner Vollrohrzucker
175 g Mandeln, gemahlen
100 g Marzipanrohmasse
200 g dunkle Kuvertüre (siehe Seite 18) oder Zartbitterkuvertüre für die Glasur

- Den Backofen auf 170 °C vorheizen und ein Backblech mit Backpapier oder Dauerbackfolie belegen. Die Eiweiße mit Salz zu sehr steifem Schnee schlagen. Nach und nach den Zucker und die Mandeln einrieseln lassen und vorsichtig unterheben.
- Die Marzipanmasse zerkleinern und im Wasserbad leicht erwärmen, um sie geschmeidiger zu machen. Die Eiweißmasse zum Marzipan geben und vorsichtig untermischen. Mit zwei Teelöffeln kleine Häufchen der Masse auf das vorbereitete Backblech geben und im heißen Ofen (Mitte) etwa 25 Minuten backen. Die Makronen sollten dann noch etwas weich und im Inneren etwas feucht sein, beim Abkühlen trocknen sie nach.
- Für die Glasur die Kuvertüre im Wasserbad bei mäßiger Hitze schmelzen und gitterartig über die Makronen verteilen. Anschließend auf einem Kuchengitter abtropfen und erkalten lassen.

Hagebuttenmakronen

Ergibt etwa 25 Stück

3 frische Eiweiß
1 Prise Salz
60 g Hagebuttenkonfitüre
300 g Roh-Rohrpuderzucker
400 g Mandeln, gemahlen

- Die Eiweiße mit Salz zu sehr steifem Schnee schlagen. Hagebuttenkonfitüre mit Puderzucker und Mandeln in einer großen Schüssel verkneten. Nun vorsichtig den Eischnee unterheben.
- Ein Backblech mit Backpapier oder Dauerbackfolie belegen. Mithilfe von zwei Teelöffeln die Masse in Form kleiner Makronen auf das vorbereitete Backblech geben und 2 Stunden bei Zimmertemperatur trocknen lassen.
- Den Backofen auf 160 °C vorheizen und die angetrockneten Makronen 20 – 25 Minuten backen. Anschließend auf einem Kuchengitter erkalten lassen.

Dattelmakronen

Ergibt etwa 20 Stück

50 g Marzipanrohmasse
120 g Roh-Rohrpuderzucker
300 g Mandeln, gemahlen
80 g getrocknete Datteln
3 frische Eiweiß
1 Prise Salz
etwa 10 Datteln zum Verzieren

- Den Backofen auf 150 °C vorheizen und ein Backblech mit Backpapier oder Dauerbackfolie belegen. Marzipanmasse zerkleinern, im Wasserbad leicht erwärmen, sodass sie weicher wird, und mit Puderzucker und Mandeln vermengen. Die getrockneten Datteln (80 g) gegebenenfalls entsteinen, klein schneiden und untermischen.
- Die Eiweiße mit Salz zu sehr steifem Schnee schlagen. Den Eischnee vorsichtig unter die Mandelmasse heben und diese anschließend mithilfe von zwei Teelöffeln in Form kleiner Makronen auf das vorbereitete Backblech legen.
- Die Datteln zum Verzieren der Länge nach halbieren und entsteinen. Vorsichtig auf jede Makrone mittig eine Dattelhälfte legen.
- Die Makronen im heißen Ofen (Mitte) etwa 15 Minuten backen. Sie sollten dann noch etwas weich und im Inneren etwas feucht sein, beim Abkühlen trocknen sie nach. Anschließend auf einem Kuchengitter erkalten lassen.

Kokosmakronen

Ergibt etwa 35 Stück

400 g Marzipanrohmasse
250 g Roh-Rohrpuderzucker
250 g Kokosraspel
5 frische Eiweiß
1 Prise Salz
300 g dunkle Kuvertüre (siehe Seite 18) oder Zartbitterkuvertüre für die Glasur

- Den Backofen auf 160 °C vorheizen und ein Backblech mit Backpapier oder Dauerbackfolie belegen. Die Marzipanrohmasse zerkleinern, im Wasserbad leicht erwärmen, sodass sie weicher wird, und anschließend in einer Schüssel mit Puderzucker und Kokosraspeln verkneten.
- Die Eiweiße mit Salz zu steifem Schnee schlagen. Nach und nach den Eischnee vorsichtig in die Marzipan-Kokos-Masse einarbeiten.
- Die Masse in eine Gebäckspritze mit Lochtülle füllen und in Form kleiner Makronen auf das vorbereitete Backblech spritzen. Makronen anschließend im heißen Ofen (Mitte) etwa 15 Minuten backen. Die Makronen sollten dann noch etwas weich und im Inneren etwas feucht sein, beim Abkühlen trocknen sie nach.
- Für die Glasur die Kuvertüre im Wasserbad bei mäßiger Hitze schmelzen und die Unterseiten der abgekühlten Makronen in die Kuvertüre tauchen. Auf einem Kuchengitter erkalten und die Glasur fest werden lassen.

Weiße Schokoladenmacarons

Ergibt etwa 20 Stück

60 ml Schlagsahne
120 g weiße Kuvertüre
(siehe Seite 18 für selbst gemachte weiße Kuvertüre)
10 g Butter
1 Vanilleschote oder 1 EL Vanillinzucker (siehe Seite 17)
2 frische Eiweiß
1 Prise Salz
190 g Roh-Rohrpuderzucker
60 g Mandeln, gemahlen

- Sahne in einem Topf aufkochen lassen. Nach und nach die Kuvertüre und Butter dazugeben und unter ständigem Rühren darin schmelzen. Anschließend Creme kalt stellen.
- Den Backofen auf 150 °C vorheizen und ein Backblech mit Backpapier oder Dauerbackfolie belegen. Mit einem Messer die Vanilleschote der Länge nach aufschneiden und das Mark herausnehmen. Die Eiweiße mit Salz zu steifem Schnee schlagen. Puderzucker durch ein Sieb streichen und mit Mandeln und Vanillemark oder Vanillinzucker mischen. Vorsichtig und löffelweise den Eischnee unter die Puderzucker-Mandel-Mischung heben.
- Nun die Eiweißmasse in einen Spritzbeutel mit Lochtülle füllen, kleine Tupfen der Masse auf das vorbereitete Backblech spritzen und im heißen Ofen (Mitte) etwa 12 Minuten backen. Die Macarons auf einem Kuchengitter abkühlen lassen.
- Die Unterseite jedes zweiten Plätzchens mit der erkalteten Creme bestreichen und ein nicht bestrichenes Plätzchen darauflegen. Die Macarons am Schluss leicht zusammendrücken.

Anisplätzchen

Ergibt etwa 30 Stück

1 Vanilleschote oder 1 EL Vanillinzucker (siehe Seite 17)
4 frische Eier
250 g Roh-Rohrpuderzucker
1 Prise Salz
150 g Maisstärke
150 g Reisvollkornmehl
1 EL Anis, gemahlen

- Mit einem Messer die Vanilleschote der Länge nach aufschneiden und das Mark herausnehmen. Die Eier trennen und die Eigelbe mit Puderzucker und Vanillemark oder Vanillinzucker in einer Schüssel schaumig rühren.
- Die Eiweiße mit Salz zu steifem Schnee schlagen, auf die Eigelbmasse geben, aber noch nicht unterheben. Maisstärke und Reismehl mit Anis mischen und durch ein Sieb auf die Eiweiß-Eigelb-Masse streichen. Nun alles vorsichtig mischen.
- Ein Backblech mit Backpapier oder Dauerbackfolie belegen. Mithilfe von zwei Teelöffeln den Teig in Form kleiner Häufchen auf das Backblech setzen und über Nacht bei Zimmertemperatur trocknen lassen.
- Den Backofen auf 150 °C vorheizen und die Anisplätzchen im heißen Ofen (Mitte) 20 – 25 Minuten backen, bis die Plätzchenböden leicht goldbraun sind. Anschließend auf einem Kuchengitter abkühlen lassen.

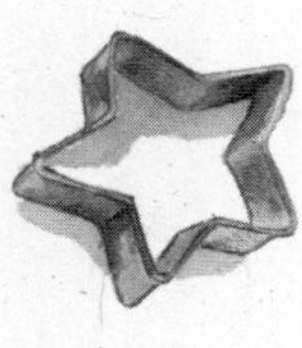

Zimtsterne

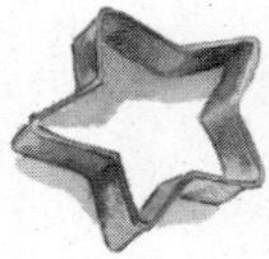

Ergibt etwa 40 Stück

5 frische Eiweiß
1 Prise Salz
450 g Roh-Rohrpuderzucker
2 TL Zimt, gemahlen
1 EL Rosenwasser
500 g Mandeln, gemahlen
Zucker zum Ausrollen

- Den Backofen auf 175 °C vorheizen und ein Backblech mit Backpapier oder Dauerbackfolie belegen. Die Eiweiße mit Salz zu steifem Schnee schlagen. Puderzucker und Zimt durch ein Sieb zum Eischnee geben, Rosenwasser dazugeben und alles sehr vorsichtig vermengen.
- Von der Masse 10 EL zur Seite stellen. In die restliche Masse die Mandeln einarbeiten. Teig nun auf einer gezuckerten Arbeitsfläche 0,5 cm dick ausrollen und Sterne ausstechen. Sterne auf das vorbereitete Backblech legen.
- Sterne mit dem zur Seite gestellten Eiweiß gleichmäßig bestreichen und im heißen Ofen (Mitte) etwa 10 Minuten backen. Anschließend auf einem Kuchengitter abkühlen lassen.

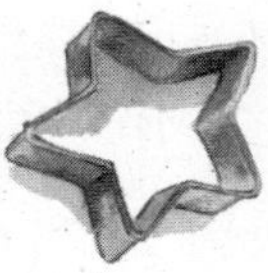

Lebkuchenmann

Ergibt etwa 8 Lebkuchenmänner

1 Vanilleschote oder 1 EL Vanillinzucker (siehe Seite 17)
150 g Honig
150 g feiner Vollrohrzucker
180 g Kartoffelstärke
50 g Carobpulver
1 Päckchen glutenfreies Backpulver
1 EL Lebkuchengewürz
2 frische Eier
70 g weiche Butter
1 EL Milch
1 Fläschchen Bittermandelaroma

Für die Verzierung:
etwa 16 Rosinen
etwa 12 EL Mandeln

- Den Backofen auf 200 °C vorheizen und ein Backblech mit Backpapier oder Dauerbackfolie belegen. Mit einem Messer die Vanilleschote der Länge nach aufschneiden und das Mark herausnehmen. Honig leicht erwärmen, mit Zucker verrühren und in eine Schüssel geben. Kartoffelstärke, Carobpulver, Backpulver, Vanillemark oder Vanillinzucker und Lebkuchengewürz dazugeben. Eier, Butter, Milch und Bittermandelaroma zur Mischung geben und alles zu einem glatten Teig verkneten.
- Aus dem Teig mit den Händen oder mithilfe einer Ausstechform Lebkuchenmänner formen und auf das vorbereitete Backblech legen. Für die Verzierung jeweils 2 Rosinen als Augen leicht in die Männer drücken. Die Mandeln mit heißem Wasser überbrühen, die dünnen Häutchen abziehen und die Mandeln der Länge nach halbieren. Jeweils drei Mandelhälften als Knopfreihe auf den Lebkuchenmännern anordnen.
- Lebkuchen im heißen Ofen (Mitte) 15 – 20 Minuten backen und anschließend auf einem Kuchengitter auskühlen lassen.

Lebkuchenherzen

Ergibt etwa 20 Stück

125 g weiche Butter
100 g feiner Vollrohrzucker
175 g Zuckerrübensirup
1 Prise Salz
2 TL Lebkuchengewürz
1 frisches Ei
300 g Kartoffelstärke
50 g Maisstärke
½ Päckchen glutenfreies Backpulver

Für die Glasur:
150 g Roh-Rohrpuderzucker
2 EL Milch

- Butter mit Zucker, Zuckerrübensirup, Salz, Lebkuchengewürz und Ei verrühren. Nun die Kartoffelstärke, Maisstärke und das Backpulver einkneten.
- Den Backofen auf 175 °C vorheizen und ein Backblech mit Backpapier oder Dauerbackfolie belegen. Aus der Teigmasse Herzen formen und diese auf das vorbereitete Backblech legen.
- Für den Guss den Puderzucker mit der Milch schaumig schlagen. Die Herzen an den Rändern und in der Mitte mit dem Guss nach Wunsch verzieren, dafür eventuell mit einem Spritzbeutel arbeiten.
- Nun im heißen Ofen (Mitte) 8 – 12 Minuten backen. Anschließend auf einem Kuchengitter abkühlen lassen.

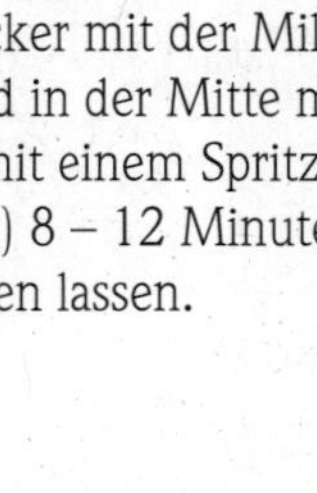

Gefüllte Lebkuchenherzen

Ergibt etwa 20 Stück

250 g feiner Vollrohrzucker
2 frische Eier
200 g Honig
250 g Kartoffelstärke
1 Päckchen glutenfreies Backpulver
200 g Mandeln, gemahlen
1 EL Lebkuchengewürz
etwa 200 g Aprikosenkonfitüre
300 g dunkle Kuvertüre (siehe Seite 18) oder Zartbitterkuvertüre für die Glasur

- Den Backofen auf 180 °C vorheizen und ein Backblech mit Backpapier oder Dauerbackfolie belegen. Zucker, Eier, Honig, Kartoffelstärke, Backpulver, Mandeln und Lebkuchengewürz miteinander verkneten und auf dem vorbereiteten Backblech zu kleinen Herzen formen.
- Die Herzen im heißen Ofen (Mitte) etwa 12 Minuten backen.
- Die Aprikosenkonfitüre erwärmen, lauwarm in eine Gebäckspritze füllen und die noch warmen Lebkuchenherzen damit füllen.
- Nun die Kuvertüre im Wasserbad schmelzen und die noch warmen Herzen damit glasieren. Auf einem Kuchengitter die Glasur trocknen und die Herzen vollständig auskühlen lassen.

Pfeffernüsse

Ergibt etwa 30 Stück

150 g Kartoffelstärke
100 g Buchweizenmehl
25 g Mandeln, gemahlen
1 Päckchen glutenfreies Backpulver
1 EL Zimt, gemahlen
1 TL Ingwer, gemahlen
1 TL Gewürznelken, gemahlen
½ TL Pfeffer, gemahlen
1 Prise Salz
120 g feiner Vollrohrzucker
2 frische Eier

Für die Glasur:
300 g Roh-Rohrpuderzucker
3 EL heißes Wasser

- Kartoffelstärke mit Buchweizenmehl, Mandeln, Backpulver, Gewürzen, Zucker und Eiern in einer Schüssel zu einem glatten Teig verkneten und diesen anschließend zugedeckt mindestens 2 Stunden kalt stellen.
- Den Backofen auf 175 °C vorheizen und ein Backblech mit Backpapier oder Dauerbackfolie belegen. Aus dem Teig walnussgroße Kugeln formen und diese auf das vorbereitete Backblech legen. Anschließend im heißen Ofen (Mitte) etwa 15 Minuten backen.
- Für die Glasur Puderzucker mit heißem Wasser verrühren und die noch warmen Pfeffernüsse damit glasieren. Auf einem Kuchengitter abtropfen und erkalten lassen.

Magenbrot

– Spitze auch ohne Glasur oder mit [illegible] belegen + [illegible]

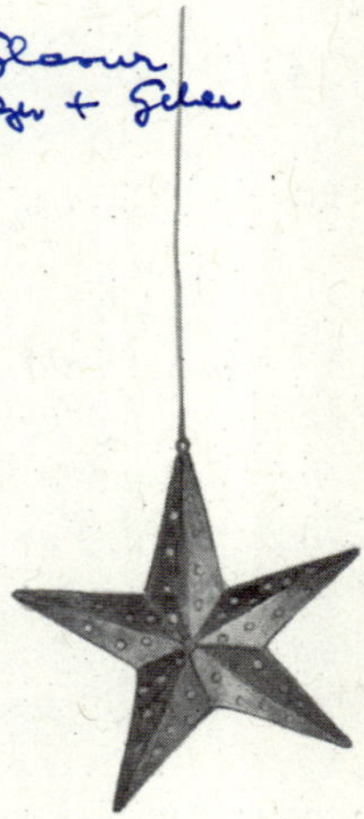

Ergibt etwa 30 Stück

250 g Kartoffelstärke
250 g Reisvollkornmehl
1 Päckchen glutenfreies Backpulver
½ TL Zimt, gemahlen
½ EL Gewürznelken, gemahlen
250 g feiner Vollrohrzucker
1 frisches Ei
100 ml Milch

Für die Glasur:
250 g Roh-Rohrpuderzucker
1 EL Kakaopulver
6 EL heißes Wasser

- Aus Kartoffelstärke, Reismehl, Backpulver, Gewürzen, Zucker, Ei und Milch einen glatten Knetteig herstellen und diesen zugedeckt mindestens 2 Stunden kalt stellen.
- Den Backofen auf 180 °C vorheizen und ein Backblech mit Backpapier oder Dauerbackfolie belegen. Den Teig zu 2 cm dicken Rollen formen und auf dem vorbereiteten Backblech im heißen Ofen (Mitte) etwa 20 Minuten goldbraun backen. Die Rollen aus dem Ofen nehmen und noch warm in 2 cm lange Stücke schneiden.
- Aus Puderzucker, Kakaopulver und heißem Wasser eine Glasur herstellen. Die noch warmen Stücke darin eintauchen, sodass sie von allen Seiten gleichmäßig glasiert sind. Auf einem Kuchengitter abtropfen und erkalten lassen.

3-D-Sterne basteln

Benötigte Materialien:
2 Origamipapiere, gelb oder golden, 15 × 15 cm groß
Klebstoff

Anleitung:

1. Bei einem Papier die beiden Diagonalen falten.

2. Das Papier wieder öffnen und wenden.

3. Das Papier in der Mitte zusammenfalten, sodass die senkrechte Mittellinie entsteht, und wieder öffnen.

4. Dann das Papier von unten nach oben zusammenfalten, sodass die waagrechte Mittellinie entsteht, und wieder öffnen.

5. Nun die senkrechte und die waagrechte Mittellinie jeweils von beiden Seiten 3,75 cm vom Rand zur Blattmitte einschneiden.

6. Das Papier wenden und die acht neu entstandenen Ecken bis zur jeweiligen Faltlinie (Diagonale) falten, sodass ein vierzackiger Stern entsteht.

7. Ein etwa 20 cm langes Band zusammenknoten und den Knoten in die Spitze eines Sternzackens legen, damit man den Stern später aufhängen kann.

8. Bei jedem Sternzacken das eine Dreieck auf das andere kleben, sodass die einzelnen Sternzacken leicht plastisch werden. Dabei mit dem Zeigefinger von innen heraus unterstützen.

9. Die Schritte 1. bis 8. mit dem zweiten Papier wiederholen.

10. Die beiden Sternhälften versetzt aufeinanderkleben, sodass ein achtzackiger Stern entsteht.

Gewürzschnitten

Für 1 Backblech, 40 × 30 cm

100 g weiche Butter
200 g Roh-Rohrpuderzucker
2 frische Eier
150 g Kartoffelmehl
100 g Kastanienmehl
75 g Mandeln, gemahlen
1 TL glutenfreies Backpulver
1 TL Spekulatiusgewürz
75 g Kakaopulver

Für die Glasur:
150 g Roh-Rohrpuderzucker
½ TL Lebkuchengewürz
1 – 2 EL heißes Wasser

- Den Backofen auf 180 °C vorheizen und ein Backblech mit Backpapier oder Dauerbackfolie belegen.
- Die Butter in einer Schüssel mit dem Handrührgerät schaumig rühren. Puderzucker, Eier, die Mehle, Mandeln, Backpulver und Spekulatiusgewürz mit der Butter verrühren. Kakaopulver dazugeben, alles zu einer glatten Masse rühren und gleichmäßig auf das vorbereitete Backblech streichen. Anschließend im heißen Ofen (Mitte) etwa 20 Minuten backen.
- Für die Glasur den Puderzucker mit Lebkuchengewürz und heißem Wasser glatt verrühren. Den noch warmen Kuchen in 1,5 cm breite und 4 cm lange Stücke schneiden. Die noch warmen Stücke an den Schmalseiten in die Glasur tauchen. Anschließend auf einem Kuchengitter abtropfen und erkalten lassen.

Tipp: Das Backblech kann auch kleiner als 30 × 40 cm sein, dann werden die Schnitten einfach etwas höher.

Einfacher Lebkuchen

Für 1 Backblech, 40 × 30 cm

200 g Mandeln zum Verzieren
300 g Maisstärke
200 g Reisvollkornmehl
1 Päckchen glutenfreies Backpulver
3 EL Lebkuchengewürz
500 g Mandeln, gemahlen
500 g feiner Vollrohrzucker
5 frische Eier
500 g Honig

Für die Glasur:
150 g Roh-Rohrpuderzucker
1 – 2 EL heißes Wasser

- Den Backofen auf 180 °C vorheizen und ein Backblech mit Backpapier oder Dauerbackfolie belegen. Die ganzen Mandeln zum Verzieren mit heißem Wasser überbrühen und die dünnen Häutchen abziehen.
- Die Maisstärke mit Reismehl, Backpulver und Lebkuchengewürz in einer Schüssel vermengen. Gemahlene Mandeln und Zucker unterrühren. Mit Eiern und Honig zu einem glatten Teig verrühren und diesen auf das vorbereitete Backblech streichen. Teig mit den ganzen Mandeln verzieren und im heißen Ofen (Mitte) etwa 45 Minuten backen.
- Den Lebkuchen aus dem Ofen nehmen, leicht abkühlen lassen und in Stücke schneiden. Aus Puderzucker und Wasser eine Glasur herstellen, dünn über die Lebkuchenstücke streichen und anschließend auf einem Kuchengitter abtropfen und abkühlen lassen.

Leichte Lebkuchen

Ergibt etwa 15 Stück

50 g Orangeat
50 g Zitronat
200 g Mandeln, gemahlen
125 g feiner Vollrohrzucker
1 TL Lebkuchengewürz
2 frische Eier

Für die Glasur:
300 g Roh-Rohrpuderzucker
½ TL Lebkuchengewürz
3 EL heißes Wasser

- Den Backofen auf 200 °C vorheizen und ein Backblech mit Backpapier oder Dauerbackfolie belegen. Das Orangeat und Zitronat in der Küchenmaschine fein zerkleinern und anschließend in einer Schüssel mit den Mandeln, Zucker, Lebkuchengewürz und Eiern gleichmäßig verkneten.
- Mit feuchten Händen aus dem Teig Lebkuchen in der gewünschten Größe formen und auf dem vorbereiteten Backblech im heißen Ofen (Mitte) etwa 12 Minuten backen.
- Aus Puderzucker, Lebkuchengewürz und etwas heißem Wasser eine Glasur anrühren. Die Oberseiten der noch warmen Lebkuchen damit bestreichen und anschließend auf einem Kuchengitter abkühlen lassen.

Lebkuchen Nürnberger Art

Ergibt etwa 30 Stück

400 g Mandeln, gemahlen
100 g glutenfreies Mais-Paniermehl
1 EL Lebkuchengewürz
250 g Roh-Rohrpuderzucker
6 frische Eier
50 g Orangeat
50 g Zitronat

Für die Schokoladenglasur:
300 g dunkle Kuvertüre (siehe Seite 18) oder Zartbitterkuvertüre

Oder für die Zuckerglasur:
300 g Roh-Rohrpuderzucker
3 EL heißes Wasser

- Den Backofen auf 150 °C vorheizen und ein Backblech mit Backpapier oder Dauerbackfolie belegen. In einer großen Schüssel Mandeln, Paniermehl, Lebkuchengewürz, Puderzucker und Eier zu einem Teig verkneten.
- Orangeat und Zitronat in der Küchenmaschine sehr fein zerkleinern und gleichmäßig in den Teig einarbeiten.
- Mit feuchten Händen aus dem Teig Lebkuchen in der gewünschten Größe formen und auf das vorbereitete Backblech legen. Anschließend im heißen Ofen (Mitte) etwa 15 Minuten backen.
- Lebkuchen aus dem Ofen nehmen und wahlweise mit geschmolzener Kuvertüre oder Puderzuckerglasur versehen: Für die Schokoladenglasur die Kuvertüre im Wasserbad bei mäßiger Temperatur schmelzen, für die Zuckerglasur den Puderzucker mit etwas heißem Wasser glatt rühren.

Achtung: Die Lebkuchen nicht zu lange im Backofen lassen, weil sie sonst austrocknen!

Kokoslebkuchen – Super

Ergibt etwa 20 Stück

300 g Kokosraspel
100 g Mandeln, gemahlen
100 g glutenfreies Mais-Paniermehl
1 EL Lebkuchengewürz
200 g Roh-Rohrpuderzucker
6 frische Eier
200 g dunkle Kuvertüre (siehe Seite 18) oder Zartbitterkuvertüre für die Glasur
Kokosraspel zum Bestreuen

- Den Backofen auf 180 °C vorheizen und ein Backblech mit Backpapier oder Dauerbackfolie belegen. Kokosraspel, Mandeln, Paniermehl, Lebkuchengewürz, Puderzucker und Eier zu einem glatten Teig verkneten.
- Mit feuchten Händen aus der Masse Lebkuchen formen und diese auf das vorbereitete Backblech legen. Anschließend im heißen Ofen (Mitte) etwa 15 Minuten backen.
- Für die Glasur die Kuvertüre im Wasserbad bei mäßiger Temperatur schmelzen, die Unterseiten der Lebkuchen in die Kuvertüre eintauchen und anschließend mit Kokosraspeln bestreuen. Lebkuchen mit den Kokosseiten nach oben auf einem Kuchengitter abtropfen und erkalten lassen.

Florentiner

Ergibt etwa 25 Stück

80 ml Schlagsahne
100 g feiner Vollrohrzucker
30 g Butter
1 unbehandelte Bio-Orange
10 g Honig
100 g Mandelblättchen
50 g Maisstärke
200 g dunkle Kuvertüre (siehe Seite 18) oder Zartbitterkuvertüre für die Glasur

- Den Backofen auf 200 °C vorheizen und ein Backblech mit Backpapier oder Dauerbackfolie belegen. Sahne, Zucker und Butter in einem Topf aufkochen lassen und bei schwacher Hitze 3 Minuten leicht köcheln lassen. Die Orange waschen, abtrocknen und mit einer feinen Reibe die Schale in die Sahnemischung reiben. Nun den Honig in die Masse rühren.
- Nach und nach die Mandelblättchen und durch ein Sieb die Maisstärke unterrühren. Alles gleichmäßig verrühren und die Masse in Form flacher Haufen von etwa 4 cm Durchmesser auf das vorbereitete Backblech geben. Anschließend im heißen Ofen (Mitte) 10 – 15 Minuten backen.
- Florentiner aus dem Ofen nehmen und leicht abkühlen lassen. In der Zwischenzeit für die Glasur die Kuvertüre im Wasserbad bei mäßiger Hitze schmelzen. Die noch warmen Florentiner mit den Unterseiten in die geschmolzene Kuvertüre tauchen, kurz abtropfen lassen und mit den Schokoladenseiten nach oben auf einem Kuchengitter oder Backpapier erkalten und trocknen lassen.

Mandel-Pinien-Ecken

Für 1 Fettpfanne, 30 × 20 cm

Für den Teig:
2 Vanilleschoten oder 2 EL Vanillinzucker (siehe Seite 17)
200 g Maisstärke
150 g Kastanienmehl
1 TL glutenfreies Backpulver
100 g feiner Vollrohrzucker
3 frische Eier
130 g weiche Butter

Für den Belag:
2 Vanilleschoten oder 2 EL Vanillinzucker
5 EL Wasser
200 g Butter
120 g feiner Vollrohrzucker
200 g Mandeln, gehackt
200 g Pinienkerne, gehackt
200 g Aprikosenkonfitüre

250 g dunkle Kuvertüre (siehe Seite 18) oder Zartbitterkuvertüre für die Glasur

- Mit einem Messer die Vanilleschoten für den Teig und den Belag der Länge nach aufschneiden und das Mark herausnehmen. Für den Teig anschließend Vanillemark oder Vanillinzucker mit Maisstärke, Kastanienmehl, Backpulver, Zucker, Eiern und Butter verkneten. Anschließend den Teig abgedeckt mindestens 2 Stunden kalt stellen.
- Für den Belag in einem Topf Wasser mit Butter, Zucker, Vanillemark oder Vanillinzucker, Mandeln und Pinienkernen vermischen und erhitzen, bis sich der Zucker aufgelöst hat. Dann die Masse erkalten lassen.
- Den Backofen auf 200 °C vorheizen und eine Fettpfanne mit Backpapier oder Dauerbackfolie auslegen. Teig gleichmäßig in der Fettpfanne ausstreichen oder in die Fettpfanne drücken. Die Aprikosenkonfitüre leicht erhitzen und gleichmäßig auf den Teig streichen.
- Die abgekühlte Nussmischung auf dem Teig verteilen, glatt streichen und den Kuchen im heißen Ofen (Mitte) etwa 25 Minuten goldbraun backen.
- Für die Glasur die Kuvertüre im warmen Wasserbad schmelzen. Den Kuchen noch lauwarm in Dreiecke schneiden und die Schnittflächen in die geschmolzene Kuvertüre tauchen. Die Stücke auf einem Kuchengitter trocknen und abkühlen lassen.

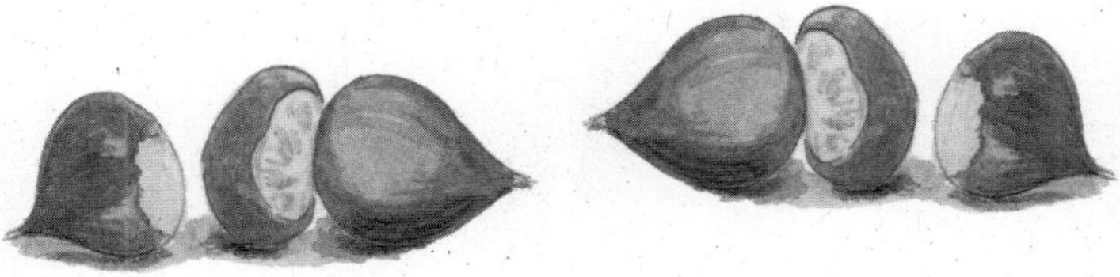

Mandel-Frucht-Würfel

Für 1 Backblech, 30 × 20 cm

Für den Teig:
150 g Maisstärke
75 g Braunhirsemehl
1 TL glutenfreies Backpulver
90 g feiner Vollrohrzucker
2 frische Eier
80 g weiche Butter
etwas Braunhirsemehl zum Ausrollen

Für den Belag:
30 g getrocknete Datteln
30 g getrocknete Feigen
30 g getrocknete Aprikosen
1 Vanilleschote oder 1 EL Vanillinzucker (siehe Seite 17)
100 g Mandeln, gemahlen
100 g Mandeln, gehackt
80 g feiner Vollrohrzucker
100 g Butter
3 EL Wasser

100 g Aprikosenkonfitüre
350 g dunkle Kuvertüre (siehe Seite 18) oder Zartbitterkuvertüre für die Glasur

- Für den Teig Maisstärke mit Braunhirsemehl, Backpulver, Zucker, Eiern und Butter verkneten und abgedeckt mindestens 2 Stunden kalt stellen.
- Für den Belag die Datteln gegebenenfalls entsteinen und mit Feigen und Aprikosen klein hacken. Mit einem Messer die Vanilleschote der Länge nach halbieren und das Mark herausnehmen. Getrocknete Früchte mit Mandeln, Vanillemark oder Vanillinzucker, Zucker, Butter und Wasser in einem Topf erhitzen, bis sich der Zucker aufgelöst hat und das Wasser verdampft ist. Nun leicht abkühlen lassen. Den Backofen auf 200 °C vorheizen und ein Backblech mit Backpapier oder Dauerbackfolie belegen.
- Teig auf der leicht bemehlten Arbeitsfläche gleichmäßig auf Größe des Backbleches ausrollen, auf das vorbereitete Blech legen, mit der leicht erwärmten Aprikosenkonfitüre und anschließend mit der abgekühlten Mandel-Frucht-Masse bestreichen. Dann im heißen Ofen (Mitte) etwa 30 Minuten backen.
- Für die Glasur die Kuvertüre bei mäßiger Temperatur im Wasserbad schmelzen. Den Kuchen noch warm in kleine Würfelchen schneiden und die Unterseiten der Würfel in die geschmolzene Kuvertüre tauchen. Anschließend mit den Schokoladenseiten nach oben auf einem Kuchengitter abtropfen und erkalten lassen.

Johannisbeerschnitten

Für 1 Backblech, 30 × 20 cm

Für den Teig:
1 Vanilleschote oder 1 EL Vanillinzucker (siehe Seite 17)
250 g Maisstärke
250 g Reisvollkornmehl
250 g feiner Vollrohrzucker
7 frische Eigelb
250 g weiche Butter
etwas Reisvollkornmehl zum Ausrollen

Für den Belag:
etwa 200 g Johannisbeergelee
3 frische Eiweiß
1 Prise Salz
200 g Roh-Rohrpuderzucker
200 g Mandeln, gemahlen

- Für den Teig mit einem Messer die Vanilleschote der Länge nach aufschneiden und das Mark herausnehmen. Maisstärke, Reismehl, Zucker, Vanillemark oder Vanillinzucker mit Eigelben und Butter zu einem Knetteig verarbeiten. Diesen anschließend abgedeckt mindestens 2 Stunden kalt stellen.
- Den Backofen auf 180 °C vorheizen und ein Backblech mit Backpapier oder Dauerbackfolie belegen. Den gekühlten Teig auf der leicht bemehlten Arbeitsfläche 0,5 cm dick auf Größe des Backbleches ausrollen und auf das vorbereitete Blech legen.
- Für den Belag Johannisbeergelee leicht erhitzen und gleichmäßig auf den Teig streichen. Eiweiße mit einer Prise Salz steif schlagen und vorsichtig gesiebten Puderzucker und Mandeln unterheben.
- Die Eiweißmasse vorsichtig auf die Geleeschicht streichen und den Kuchen im heißen Ofen etwa 20 Minuten backen. Etwas abkühlen lassen, in 1 cm breite und 3 cm lange Streifen schneiden und auf einem Kuchengitter vollständig erkalten lassen.

Baumkuchenspitzen

Für ½ Backblech, etwa 20 × 20 cm

1 Vanilleschote oder 1 EL Vanillinzucker (siehe Seite 17)
250 g weiche Butter
250 g feiner Vollrohrzucker
5 frische Eier
150 g Maisstärke
50 g Reisvollkornmehl
100 g Mandeln, gemahlen
1 MSP Zimt, gemahlen
300 g dunkle Kuvertüre (siehe Seite 18)
oder Zartbitterkuvertüre für die Glasur

- Den Backofen auf 220 °C und Grillfunktion vorheizen. Eine Fettpfanne oder ein kleines Backblech mit erhöhtem Rand mit Backpapier oder Dauerbackfolie auslegen. Mit einem Messer die Vanilleschote der Länge nach aufschneiden und das Mark herausnehmen. In einer Schüssel mit einem Handrührgerät Butter mit Zucker, Vanillemark oder Vanillinzucker und nacheinander den Eiern, Maisstärke, Reismehl, Mandeln und Zimt glatt verrühren.
- Eine erste Schicht Teig in der Fettpfanne ausstreichen, sodass der Boden dünn bedeckt ist. Im heißen Ofen (Mitte) mit Grillfunktion 2 – 3 Minuten backen. Aus dem Ofen nehmen und erneut eine dünne Schicht Teig aufstreichen und ebenso backen. So weiterverfahren, bis der Teig aufgebraucht ist.
- Gebackenen Teig aus dem Ofen nehmen und noch lauwarm in Stücke schneiden. Für die Glasur die Kuvertüre bei mäßiger Temperatur im Wasserbad schmelzen und die einzelnen Stücke in die Kuvertüre tauchen. Auf einem Kuchengitter abtropfen und erkalten lassen.

Stollen & Kuchen

Einfacher Quarkstollen

2 Vanilleschoten oder 2 EL Vanillinzucker (siehe Seite 17)
200 g Maisstärke
150 g Kastanienmehl
150 g Reisvollkornmehl
100 g Mandeln, gemahlen
1 Päckchen glutenfreies Backpulver
160 g feiner Vollrohrzucker
250 g Quark
3 frische Eier
200 g weiche Butter

Zum Bestreichen und Bestäuben:
50 g Butter
Roh-Rohrpuderzucker

- Den Backofen auf 175 °C vorheizen und ein Backblech mit Backpapier oder Dauerbackfolie belegen. Mit einem Messer die Vanilleschoten der Länge nach aufschneiden und das Mark herausnehmen.
- Nun Vanillemark oder Vanillinzucker, Maisstärke, die Mehle, Mandeln, Backpulver, Zucker, Quark, Eier und Butter zusammen in einer großen Schüssel zu einem gleichmäßigen, glatten Teig verkneten.
- Den Teig zu einem Stollen formen, auf das vorbereitete Backblech legen und im heißen Ofen (Mitte) 60 Minuten backen.
- Die Butter zum Bestreichen zerlassen und die Oberseite des noch heißen Stollens damit bestreichen. Mit Puderzucker bestäuben und auf einem Kuchengitter auskühlen lassen.

Ich werde Weihnachten
in meinem Herzen ehren und versuchen,
es das ganze Jahr hindurch aufzuheben.

Charles Dickens

Möhren-Ingwer-Stollen

20 g frische Ingwerwurzel
4 Möhren
100 g Maisstärke
200 g Kastanienmehl
100 g Braunhirsemehl
100 g Reisvollkornmehl
100 g Mandeln, gemahlen
1 Päckchen glutenfreies Backpulver
170 g feiner Vollrohrzucker
250 g Quark
4 frische Eier
200 g weiche Butter

Für die Glasur:
150 g Roh-Rohrpuderzucker
1 – 2 EL heißes Wasser

- Ingwer schälen und fein zerkleinern. Möhren gründlich waschen und mit einer Gemüsebürste abschrubben. Mithilfe einer feinen Reibe die Möhren reiben. Den Backofen auf 175 °C vorheizen und ein Backblech mit Backpapier oder Dauerbackfolie belegen.
- Möhren und Ingwer mit Maisstärke, den Mehlen, Mandeln, Backpulver, Zucker, Quark, Eiern und Butter in einer großen Schüssel gleichmäßig verkneten.
- Teig zu einem Stollen formen und auf dem vorbereiteten Backblech im heißen Ofen (Mitte) etwa 60 Minuten backen.
- Stollen aus dem Ofen nehmen und aus Puderzucker und Wasser eine Glasur herstellen. Den noch heißen Stollen damit bestreichen und anschließend auf einem Kuchengitter abkühlen lassen.

Marzipan-Maronen-Stollen

Für die Füllung:
250 g Maronen
120 g Marzipanrohmasse

Für den Teig:
200 g Maisstärke
50 g Kastanienmehl
50 g Mandeln, gemahlen
1 Päckchen glutenfreies Backpulver
75 g Roh-Rohrpuderzucker
125 g Quark
2 frische Eier
100 g weiche Butter
etwas Kastanienmehl zum Ausrollen

Zum Bestreichen und Bestäuben:
30 g Butter
Roh-Rohrpuderzucker

- Den Backofen auf 175 °C vorheizen. Die Maronen sternförmig einschneiden und auf einem Backblech gleich mit in den Ofen geben. Sobald die Maronen an den Einschnitten aufplatzen, aus dem Ofen nehmen und schälen. Nun die Maronen in kleine Würfelchen schneiden und mit der Marzipanmasse gleichmäßig verkneten.
- Ein Backblech mit Backpapier oder Dauerbackfolie belegen. Maisstärke, Kastanienmehl, Mandeln, Backpulver, Zucker, Quark, Eier und Butter in einer großen Schüssel zu einem gleichmäßigen Teig verkneten. Den Teig 25 × 25 cm groß auf der bemehlten Arbeitsfläche ausrollen. Marzipan-Maronen-Masse in kleinen Flöckchen darauf verteilen, den Teig zu einem Stollen aufrollen und formen. Anschließend auf dem Backblech im heißen Ofen (Mitte) etwa 60 Minuten backen.
- Die Butter zum Bestreichen zerlassen und den noch warmen Stollen gleichmäßig damit bestreichen. Mit Puderzucker bestäuben und auf einem Kuchengitter auskühlen lassen.

Quarkstollen mit Rosinen

2 Vanilleschoten oder 2 EL Vanillinzucker (siehe Seite 17)
50 g Mandeln
200 g Maisstärke
200 g Reisvollkornmehl
100 g Teffmehl
100 g Mandeln, gemahlen
1 Päckchen glutenfreies Backpulver
170 g feiner Vollrohrzucker
250 g Quark
3 frische Eier
200 g weiche Butter
100 g Rosinen
30 g Zitronat, gehackt
30 g Orangeat, gehackt

Zum Bestreichen und Bestäuben:
50 g Butter
Roh-Rohrpuderzucker

- Mit einem Messer die Vanilleschoten der Länge nach aufschneiden und das Mark herauslösen. Die ganzen Mandeln mit heißem Wasser überbrühen und anschließend die dünnen Häutchen abziehen. Den Backofen auf 175 °C vorheizen und ein Backblech mit Backpapier oder Dauerbackfolie belegen.
- Maisstärke, die Mehle, gemahlene Mandeln, Backpulver, Vanillemark oder Vanillinzucker, Zucker, Quark, Eier und weiche Butter mit den ganzen Mandeln, Rosinen, Zitronat und Orangeat in einer großen Schüssel zu einem glatten Teig verarbeiten.
- Teig zu einem Stollen formen und auf dem vorbereiteten Backblech im heißen Ofen (Mitte) etwa 60 Minuten backen.
- Die Butter zum Bestreichen zerlassen und den noch warmen Stollen gleichmäßig damit bestreichen. Anschließend mit Puderzucker bestäuben und auf einem Kuchengitter abkühlen lassen.

Wussten Sie, dass …

… das Weihnachtsgebäck mit der wohl längsten Tradition in Deutschland der Stollen ist? Der Stollen soll durch seine Form an das gewickelte Jesuskind erinnern. Das älteste bekannte schriftliche Dokument, das den Stollen als Weihnachtsgebäck nennt, stammt aus der ersten Hälfte des 14. Jahrhunderts. Dieses Gebäck war ein langes Brot aus hellem Weizenmehl, was damals eine luxuriöse Speise war. Die heutigen Zutaten Zucker, Butter, Milch und Eier nennt das Dokument nicht.

Im Laufe der Jahrhunderte entwickelte sich der Stollen weiter zu einem Gebäck aus reichhaltigem Hefeteig mit Butter und Eiern, zudem gesüßt mit dem damals hauptsächlich zum Süßen verwendeten Honig. Auch Mandeln und Trockenfrüchte fanden ihren Weg erst im Laufe der Zeit in das Gebäck. So entstand eine reiche Auswahl an Stollenarten. Heute zählt man beispielsweise zehn Grundstollen und unzählige Stollenvariationen. Auch der Hefeteig ist kein Muss: Teilweise stellt man Stollen heute auch aus leichterem Quarkölteig her.

Kürbisstollen

180 g Butternut-Kürbis
20 g frische Ingwerwurzel
2 Vanilleschoten oder 2 EL Vanillinzucker (siehe Seite 17)
150 g Maisstärke
200 g Kastanienmehl
150 g Amarantmehl
100 g Mandeln, gemahlen
2 Päckchen glutenfreies Backpulver
180 g feiner Vollrohrzucker
250 g Quark
3 frische Eier
200 g weiche Butter

Zum Bestreichen und Bestäuben:
50 g Butter
Roh-Rohrpuderzucker

- Kürbis und Ingwer schälen und klein schneiden, anschließend mit einem Pürierstab oder im Mixer musen und in eine große Schüssel geben. Mit einem Messer die Vanilleschoten der Länge nach aufschneiden und das Mark herausnehmen. Den Backofen auf 180 °C vorheizen und ein Backblech mit Backpapier oder Dauerbackfolie belegen.
- Maisstärke, die Mehle, Mandeln, Backpulver, Vanillemark oder Vanillinzucker, Zucker, Quark, Eier und Butter zum Kürbis-Ingwer-Püree geben und alles zu einem gleichmäßigen Teig verkneten. Teig auf dem vorbereiteten Backblech zu einem Stollen formen und im heißen Ofen (Mitte) etwa 60 Minuten backen.
- Die Butter zum Bestreichen zerlassen und den noch warmen Stollen damit bestreichen. Mit Puderzucker bestäuben und auf einem Kuchengitter auskühlen lassen.

Mohn-Rumtopf-Stollen

2 Vanilleschoten oder 2 EL Vanillinzucker (siehe Seite 17)
200 g Kartoffelmehl
150 g Amarantmehl
100 g Reisvollkornmehl
50 g Kastanienmehl
100 g Mandeln, gemahlen
4 EL Mohn, gemahlen
1 Päckchen glutenfreies Backpulver
160 g feiner Vollrohrzucker
250 g Quark
4 frische Eier
200 g weiche Butter
150 g Früchte vom Rumtopf
etwas Mehl (Amarant, Reis, Kastanie) zum Ausrollen

Zum Bestreichen und Bestäuben:
50 g Butter
Roh-Rohrpuderzucker

- Mit einem Messer die Vanilleschoten der Länge nach aufschneiden und das Mark herausnehmen. In einer großen Schüssel die Mehle, Mandeln, Mohn, Backpulver, Vanillemark oder Vanillinzucker, Zucker, Quark, Eier und Butter gleichmäßig verkneten. Die Rumtopffrüchte in ein Sieb geben und gut abtropfen lassen. (Besonders leckere Rumtopffrüchte sind Kirschen, Himbeeren, Birnen, Äpfel, Stachelbeeren, Heidelbeeren, Johannisbeeren: Jeweils nach Saison in viel Zucker und Rum einlegen, so hat man sie genau richtig durchgezogen für die Weihnachtsbäckerei.)
- Den Backofen auf 180 °C vorheizen und ein Backblech mit Backpapier oder Dauerbackfolie belegen. Auf einem bemehlten Küchentuch den Teig 25 × 25 cm groß ausrollen und die Rumtopffrüchte darauf verteilen. Die beiden Längsseiten des Teiges über die Füllung schlagen und den Teig aufrollen wie einen Strudel. Auf dem vorbereiteten Backblech im heißen Ofen (Mitte) etwa 50 Minuten backen.
- Die Butter zum Bestreichen zerlassen und den noch warmen Stollen damit bestreichen. Mit Puderzucker bestäuben und auf einem Kuchengitter abkühlen lassen.

Apfelstollen

Für den Teig:
1 Vanilleschote oder 1 EL Vanillinzucker (siehe Seite 17)
100 g Maisstärke
100 g Kastanienmehl
50 g Reisvollkornmehl
50 g Mandeln, gemahlen
1 Päckchen glutenfreies Backpulver
80 g feiner Vollrohrzucker
1 Prise Salz
125 g Quark
3 frische Eier
100 g weiche Butter
etwas Mehl (Kastanie, Reis) zum Ausrollen

Für die Füllung:
1 Vanilleschote oder 1 EL Vanillinzucker
2 Äpfel
50 g Marzipanrohmasse
100 g Mandelblättchen
2 EL Rosinen
1 TL Zimt, gemahlen

Zum Bestreichen und Bestäuben:
30 g Butter
Roh-Rohrpuderzucker

- Mit einem Messer die Vanilleschoten für Teig und Füllung der Länge nach aufschneiden und das Mark herausnehmen. Für den Teig in einer großen Schüssel die Maisstärke mit den Mehlen, Mandeln, Backpulver, Zucker, Vanillemark oder Vanillinzucker, Salz, Quark, Eiern und Butter vermischen. Alles gleichmäßig verkneten und auf einem bemehlten Küchentuch 25 × 25 cm groß wie einen Strudelteig ausrollen.
- Den Backofen auf 180 °C vorheizen und ein Backblech mit Backpapier oder Dauerbackfolie belegen.
- Für die Füllung die Äpfel schälen, entkernen und klein schneiden, dann mit Marzipanstückchen, Mandelblättchen und Rosinen auf dem Teig verteilen. Vanillemark oder Vanillinzucker mit Zimt mischen und über die Apfelmasse streuen.
- Die beiden Längsseiten des Teiges über die Füllung schlagen, den Teig wie einen Strudel aufrollen und auf dem vorbereiteten Backblech im heißen Ofen (Mitte) etwa 50 Minuten backen.
- Die Butter zum Bestreichen zerlassen und den noch heißen Stollen damit bestreichen. Mit Puderzucker bestäuben und auf einem Kuchengitter abkühlen lassen.

Früchtebrot

500 g getrocknete Früchte (Datteln, Feigen, Aprikosen, Pflaumen)
Wasser zum Einweichen der Früchte
100 g Mandeln
2 Vanilleschoten oder 2 EL Vanillinzucker (siehe Seite 17)
150 g Reisvollkornmehl
150 g Kartoffelmehl
1 Päckchen glutenfreies Backpulver
1 TL Zimt, gemahlen
1 MSP Anis, gemahlen
100 g feiner Vollrohrzucker
2 Prisen Salz
3 frische Eier
100 g weiche Butter

- Die getrockneten Früchte gegebenenfalls entsteinen, grob zerkleinern und mit Wasser in einer Schüssel 2 Stunden einweichen. Anschließend gut abtropfen lassen. Mandeln mit heißem Wasser überbrühen und die dünnen Häutchen abziehen. Mit einem Messer die Vanilleschoten der Länge nach aufschneiden und das Mark herausnehmen.
- Den Backofen auf 180 °C vorheizen und ein Backblech mit Backpapier oder Dauerbackfolie belegen. Die Mehle, Backpulver, Gewürze, Vanillemark oder Vanillinzucker, Zucker, Salz, Eier und Butter zu einem glatten Teig verkneten. Teig mit den abgetropften Früchten und Mandeln gleichmäßig vermischen.
- Teig auf dem vorbereiteten Backblech zu einem Laib formen und im heißen Ofen (Mitte) etwa 40 Minuten backen. Anschließend auf einem Kuchengitter abkühlen lassen.

Aniszopf

2 Vanilleschoten oder 2 EL Vanillinzucker (siehe Seite 17)
250 g Quark
10 EL Buttermilch
9 EL Rapsöl
80 g feiner Vollrohrzucker
1 Prise Salz
200 g Maisstärke
150 g Reisvollkornmehl
100 g Kastanienmehl
2 Päckchen glutenfreies Backpulver
1 TL Anis, gemahlen
2 frische Eier
etwas Mehl (Reis, Kastanie) für die Arbeitsfläche

Für den Belag:
1 frisches Eigelb
1 EL Milch
3 EL Mandelblättchen

- Den Backofen auf 200 °C vorheizen und ein Backblech mit Backpapier oder Dauerbackfolie belegen. Mit einem Messer die Vanilleschoten der Länge nach aufschneiden und das Mark herausnehmen.
- Quark mit Buttermilch, Öl, Zucker, Salz, Maisstärke, den Mehlen, Backpulver, Vanillemark oder Vanillinzucker, Anis und Eiern zu einem glatten, gleichmäßigen Knetteig verarbeiten. Den Teig dritteln und jedes Drittel auf der bemehlten Arbeitsfläche mit bemehlten Händen zu einer Rolle formen. Die Rollen anschließend miteinander verflechten.
- Zopf auf das vorbereitete Backblech legen. Eigelb mit Milch verrühren und den Aniszopf damit bestreichen. Mit den Mandelblättchen bestreuen und im heißen Ofen (Mitte) etwa 40 Minuten backen. Auf einem Kuchengitter vollständig erkalten lassen.

Gewürzkuchen

Für 1 Springform, 28 cm Durchmesser

2 Vanilleschoten oder 2 EL Vanillinzucker (siehe Seite 17)
200 g weiche Butter
200 g feiner Vollrohrzucker
4 frische Eier
100 g Mandeln, gemahlen
150 g Maisstärke
100 g Teffmehl
1 Päckchen glutenfreies Backpulver
etwa 300 ml Milch
1 EL Lebkuchengewürz
100 g Zartbitterschokolade, geraspelt
etwas Butter für die Springform
etwas glutenfreies Mais-Paniermehl für die Springform

Für die Glasur und zum Verzieren:
150 g Roh-Rohrpuderzucker
1 TL Zimt, gemahlen
1 – 2 EL heißes Wasser
nach Belieben bunte Zuckerstreusel

- Mit einem Messer die Vanilleschoten der Länge nach aufschneiden und das Mark herausnehmen. Mit einem Handrührgerät Butter mit Zucker, Vanillemark oder Vanillinzucker und den Eiern schaumig rühren.
- Nun Mandeln, Maisstärke, Teffmehl und Backpulver einrühren. Nach und nach die Milch zugeben und verrühren. Am Schluss noch Lebkuchengewürz und Schokoraspel einarbeiten und alles gleichmäßig verrühren.
- Den Backofen auf 175 °C vorheizen, eine Springform fetten und mit Paniermehl ausstreuen. Teig in die Form füllen und anschließend im heißen Ofen (Mitte) etwa 50 Minuten backen. Aus dem Ofen nehmen, etwas abkühlen lassen und aus der Form auf ein Kuchengitter stürzen.
- Für die Glasur Puderzucker mit Zimt und etwas heißem Wasser glatt verrühren. Den Kuchen gleichmäßig mit der Zuckerglasur glasieren. Wer möchte, kann den Kuchen mit bunten Zuckerstreuseln garnieren.

Möhrenkuchen

Für 1 Springform, 28 cm Durchmesser

etwas Rapsöl für die Springform
etwas glutenfreies Mais-Paniermehl für die Springform
35 g frische Ingwerwurzel
350 g Möhren
2 Vanilleschoten oder 2 EL Vanillinzucker (siehe Seite 17)
150 g Maisstärke
100 g Kastanienmehl
50 g Reisvollkornmehl
1 Päckchen glutenfreies Backpulver
150 g feiner Vollrohrzucker
200 ml Rapsöl
4 frische Eier

Für die Glasur:
200 g Roh-Rohrpuderzucker
2 EL heißes Wasser

- Eine Springform fetten und mit Paniermehl ausstreuen. Ingwer schälen und grob zerkleinern. Möhren waschen, putzen und klein schneiden. Ingwer und Möhren mit dem Pürierstab oder in der Küchenmaschine sehr fein zerkleinern. Mit einem Messer die Vanilleschoten der Länge nach aufschneiden und das Mark herausnehmen.
- Den Backofen auf 175 °C vorheizen. Die Maisstärke mit den Mehlen, Backpulver, Zucker, Vanillemark oder Vanillinzucker, Öl und Eiern zu einem glatten Teig verrühren. Die Möhren-Ingwer-Masse gleichmäßig mit der Teigmasse vermengen.
- Teig in die Backform füllen, glatt streichen und im heißen Ofen (Mitte) etwa 45 Minuten backen. Leicht abkühlen lassen und aus der Form auf ein Kuchengitter stürzen.
- Für die Glasur den Puderzucker mit dem heißem Wasser glatt verrühren und gleichmäßig auf den noch warmen Kuchen streichen. Dann erkalten lassen.

Zitronenkuchen

Für 1 Springform, 28 cm Durchmesser

etwas Butter für die Springform
etwas glutenfreies Mais-Paniermehl für die Springform
50 g weiche Butter
150 ml Milch
100 g Maisstärke
50 g Maisgrieß
40 g Reisvollkornmehl
1 Päckchen glutenfreies Backpulver
3 EL Honig
1 MSP Anis, gemahlen
1 unbehandelte Bio-Zitrone
1 EL frischer Thymian
(am besten frischer Thymian von der Fensterbank)
2 frische Eiweiß
1 Prise Salz
Roh-Rohrpuderzucker zum Bestäuben

- Den Backofen auf 180 °C vorheizen, eine Springform fetten und mit Paniermehl ausstreuen.
- Die Butter mit Milch, Maisstärke, Maisgrieß, Reismehl, Backpulver, Honig und Anis verrühren. Zitrone waschen, abtrocknen und mit einer feinen Reibe die Schale in den Teig reiben. Den Thymian waschen, klein hacken und ebenfalls zum Teig geben. Alles gleichmäßig verrühren.
- Die Eiweiße mit einer Prise Salz zu Schnee schlagen und diesen am Schluss unter den Teig heben. Die Teigmasse in die vorbereitete Backform geben und im heißen Ofen (Mitte) etwa 45 Minuten backen.
- Den Kuchen leicht abkühlen lassen und anschließend zum vollständigen Auskühlen aus der Form auf ein Kuchengitter stürzen. Dann mit Puderzucker bestäuben.

Orangenkuchen

Für 1 Springform, 28 cm Durchmesser

etwas Butter für die Springform
etwas glutenfreies Mais-Paniermehl für die Springform
1 Vanilleschote oder 1 EL Vanillinzucker (siehe Seite 17)
150 g feiner Vollrohrzucker
150 g weiche Butter
3 frische Eier
150 g Maisstärke
1 Päckchen glutenfreies Backpulver
2 unbehandelte Bio-Orangen

Zum Tränken:
200 ml Orangensaft, frisch gepresst
1 EL Roh-Rohrpuderzucker

150 g weiße Kuvertüre zum Verzieren
(siehe Seite 18 für selbst gemachte weiße Kuvertüre)

- Backofen auf 175 °C vorheizen, eine Springform fetten und mit Paniermehl ausstreuen. Mit einem Messer die Vanilleschote der Länge nach aufschneiden und das Mark herausnehmen.
- Zucker, Vanillemark oder Vanillinzucker, Butter, Eier, Maisstärke und Backpulver verrühren. Die Orangen waschen, abtrocknen und mit einer feinen Reibe die Schalen in den Kuchenteig reiben. Noch einmal gleichmäßig verrühren und den Teig in die vorbereitete Springform füllen. Im heißen Ofen (Mitte) etwa 40 Minuten backen.
- Den Kuchen leicht abkühlen lassen und auf ein Kuchengitter stürzen. Orangensaft und Puderzucker verrühren. Mit einem dünnen Holzspieß mehrmals in den noch warmen Kuchen stechen und den Kuchen mit der Saft-Zucker-Mischung tränken. Nun den Kuchen erkalten lassen.
- Zum Verzieren die Kuvertüre bei mäßiger Temperatur im Wasserbad schmelzen und gitterartig auf dem Kuchen verteilen.

Wussten Sie, dass ...

... die Edelkastanie vom Mittelalter bis Ende des 19. Jahrhunderts unter anderem in den Bergregionen des südlichen Mitteleuropas und Südeuropas ein Hauptnahrungsmittel war?

Sie spielte eine wichtige Rolle in der Ernährung unserer Vorfahren. Ohne viel Aufwand konnte sie, zum Beispiel eingegraben in einer Kiste mit Sand, gut gelagert werden und sicherte so den Nahrungsvorrat für die kalte Jahreszeit. Auch Goethe soll ein großer Liebhaber der Esskastanien gewesen sein.

Heute sind Esskastanien zwar kein Hauptnahrungsmittel mehr, bieten aber immer noch eine Vielzahl an Verwendungsmöglichkeiten in der Küche: Aus ihnen wird Püree und Mus gekocht, Likör oder Bier gebraut, sie werden zu Mehl vermahlen, das der Herstellung von Pasta, Gnocchi, Brot oder Gebäck dient.

Die Edelkastanie sollte man auch aus Gesundheitsgründen nicht außer Acht lassen. Sie ist glutenfrei und fettarm mit niedrigem Eiweißgehalt. Das Rösten schließt die enthaltenen Kohlenhydrate in Form von Stärke hervorragend auf, wodurch die Edelkastanie so gut bekömmlich und leicht verdaulich wird. Sie ist eine ideale Energielieferantin für zwischendurch, enthält reichlich B-Vitamine, die wichtig für die Nervenfunktionen sind, aber auch die Vitamine E und C für ein gesundes Immunsystem. Mit ihren Mineralstoffen, zum Beispiel Kalium und Magnesium, unterstützt sie den Stoffwechsel des Menschen und ist somit eine wertvolle Bereicherung in unserer Küche.

Mohnkuchen mit Streuseln

Für 1 Springform, 28 cm Durchmesser

etwas Butter für die Springform
etwas glutenfreies Mais-Paniermehl für die Springform
2 Vanilleschoten oder 2 EL Vanillinzucker (siehe Seite 17)
200 g Butter
150 g Aprikosenkonfitüre
200 g Maisstärke
100 g Kastanienmehl
50 g Mohn
1 Päckchen glutenfreies Backpulver
150 g feiner Vollrohrzucker

Für die Streusel:
60 g Maisstärke
20 g Roh-Rohrpuderzucker
120 g Marzipanrohmasse

Roh-Rohrpuderzucker zum Bestäuben

- Eine Springform fetten und mit Paniermehl ausstreuen. Mit einem Messer die Vanilleschoten der Länge nach aufschneiden und das Mark herausnehmen.
- Die Butter schmelzen und mit der Aprikosenkonfitüre verrühren. 3 EL davon abnehmen und zur Seite stellen. Den Rest mit der Maisstärke, Kastanienmehl, Mohn, Backpulver, Zucker und dem Vanillemark oder Vanillinzucker gleichmäßig verrühren. Anschließend den Teig in die vorbereitete Backform füllen.
- Den Backofen auf 175 °C vorheizen. Für die Streusel die beiseite gestellte Butter-Aprikosen-Mischung mit Maisstärke, Puderzucker und Marzipan verkneten und gleichmäßig über den Teig streuen.
- Kuchen im heißen Ofen (Mitte) etwa 45 Minuten backen, in der Form leicht abkühlen lassen, dann auf ein Kuchengitter stürzen und mit Puderzucker bestäuben.

Glühweinschnitten

Für 1 Backblech, 40 × 30 cm

2 Vanilleschoten oder 2 EL Vanillinzucker (siehe Seite 17)
300 g weiche Butter
5 frische Eier
250 g feiner Vollrohrzucker
200 g Kartoffelstärke
200 g Reisvollkornmehl
100 g Kastanienmehl
etwa 350 ml kalter Glühwein oder Holunderbeersaft
1 Päckchen glutenfreies Backpulver
100 g Mandeln, gemahlen

Für die Glasur:
200 g Roh-Rohrpuderzucker
2 EL heißer Glühwein oder heißes Wasser

- Ein Backblech mit Backpapier oder Dauerbackfolie belegen. Mit einem Messer die Vanilleschoten der Länge nach aufschneiden und das Mark herausnehmen. Den Backofen auf 175 °C vorheizen.
- Die weiche Butter, Eier, Zucker und Vanillemark oder Vanillinzucker mithilfe eines Handrührgerätes schaumig rühren. Nach und nach die Kartoffelstärke und die Mehle zugeben. Glühwein oder Holunderbeersaft, Backpulver und Mandeln zufügen und alles mit dem Handrührgerät glatt verrühren.
- Den Teig gleichmäßig auf dem vorbereiteten Backblech verteilen und im heißen Ofen (Mitte) etwa 30 Minuten backen.
- Für die Glasur Puderzucker mit heißem Glühwein oder Wasser glatt verrühren und den noch warmen Kuchen gleichmäßig damit bestreichen. Die Glasur fest werden und den Kuchen auf dem Backblech auskühlen lassen.

Mandelkuchen

Für 1 Backblech, 40 × 30 cm

1 Vanilleschote oder 1 EL Vanillinzucker (siehe Seite 17)
150 g Maisstärke
150 g Kastanienmehl
200 g Mandeln, gemahlen
1 Päckchen glutenfreies Backpulver
1 MSP Zimt, gemahlen
180 g feiner Vollrohrzucker
200 g weiche Butter
4 frische Eier
250 ml Milch

Für die Verzierung:
1 EL Roh-Rohrpuderzucker
150 g dunkle Kuvertüre (siehe Seite 18) oder Zartbitterkuvertüre
150 g weiße Kuvertüre
(siehe Seite 18 für selbst gemachte weiße Kuvertüre)

- Ein Backblech mit Backpapier oder Dauerbackfolie belegen. Mit einem Messer die Vanilleschote der Länge nach aufschneiden und das Mark herausnehmen. Den Backofen auf 175 °C vorheizen.
- In einer großen Schüssel mit einem Handrührgerät Maisstärke, Kastanienmehl, Mandeln, Backpulver, Zimt, Zucker und Vanillemark oder Vanillinzucker gleichmäßig mit Butter, Eiern und Milch verrühren.
- Den Teig auf das vorbereitete Backblech streichen und im heißen Ofen (Mitte) etwa 30 Minuten backen.
- Den noch heißen Kuchen leicht mit Puderzucker bestäuben. Für die Verzierung die dunkle und die weiße Kuvertüre nacheinander bei mäßiger Temperatur im Wasserbad schmelzen und gitterartig auf dem Kuchen verteilen. Den Kuchen vollständig auf dem Backblech erkalten lassen.

Obstkuchen vom Blech

Für 1 Backblech, 40 × 30 cm

Für den Teig:
2 Vanilleschoten oder 2 EL Vanillinzucker (siehe Seite 17)
200 g Maisstärke
100 g Kastanienmehl
1 Päckchen glutenfreies Backpulver
80 g feiner Vollrohrzucker
150 g Quark
100 ml Milch
100 g natives Kokosöl

Für den Belag:
1 Vanilleschote oder 1 EL Vanillinzucker
200 g Crème fraîche
2 frische Eier
2 Äpfel
8 frische Aprikosen
5 frische Feigen
(möglich sind auch getrocknete Aprikosen und Feigen, in Wasser eingeweicht)
100 g Mandelblättchen

Für die Streusel:
250 g Kastanienmehl
150 g Butter
120 g feiner Vollrohrzucker
1 TL Zimt, gemahlen

- Ein Backblech mit Backpapier oder Dauerbackfolie belegen. Mit einem Messer die Vanilleschoten für den Teig und den Belag der Länge nach aufschneiden und das Mark herausnehmen.
- Für den Teig Maisstärke, Kastanienmehl, Backpulver, Zucker und Vanillemark oder Vanillinzucker mit Quark, Milch und Öl verkneten. Den Teig gleichmäßig auf dem vorbereiteten Backblech verteilen.
- Für den Belag Crème fraîche und Eier mit Vanillemark oder Vanillinzucker verrühren und gleichmäßig auf den Teig streichen. Äpfel schälen, vierteln, entkernen und als Viertel auf dem Teig verteilen. Bei größeren Äpfeln können diese auch in Achtel geschnitten werden. Aprikosen und Feigen halbieren, gegebenenfalls entsteinen und ebenfalls auf dem Teig verteilen. Gleichmäßig mit den Mandelblättchen bestreuen. Den Backofen auf 175 °C vorheizen.
- Für die Streusel Kastanienmehl, Butter, Zucker und Zimt verkneten und gleichmäßig über den Kuchen streuen. Kuchen anschließend im heißen Ofen (Mitte) etwa 40 Minuten backen. Auf dem Blech auskühlen lassen.

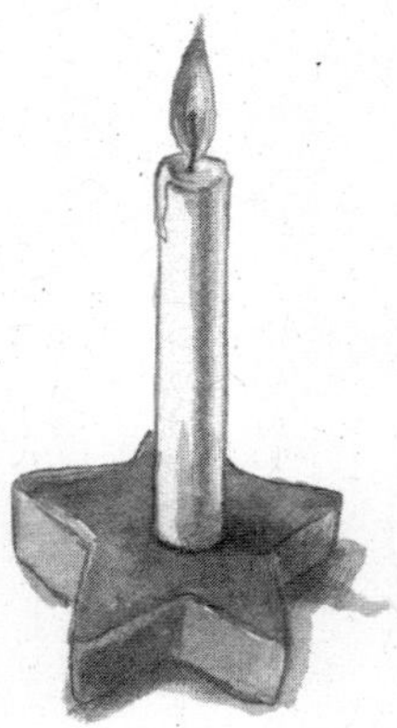

Mandarinenkuchen

Für 1 Springform, 28 cm Durchmesser

etwas Butter für die Springform
etwas glutenfreies Mais-Paniermehl für die Springform

Für den Teig:
1 Vanilleschote oder 1 EL Vanillinzucker (siehe Seite 17)
200 g weiche Butter
160 g feiner Vollrohrzucker
4 frische Eier
150 g Maisstärke
50 g Teffmehl
50 g Carobpulver oder Kakaopulver
2 EL Lebkuchengewürz
1 Päckchen glutenfreies Backpulver
250 ml Milch

Für den Belag:
400 g Mandarinen aus dem Glas
450 ml Milch
200 ml Schlagsahne
2 Päckchen glutenfreies Vanillepuddingpulver
100 g Roh-Rohrpuderzucker
600 g Schmand (saure Sahne)
3 EL Pistazien, gehackt

- Eine Springform fetten und mit Paniermehl ausstreuen.
- Für den Teig mit einem Messer die Vanilleschote der Länge nach aufschneiden und das Mark herausnehmen. Butter, Zucker und Vanillemark oder Vanillinzucker cremig rühren, nacheinander die Eier, dann Maisstärke, Teffmehl, Carobpulver oder Kakaopulver, Lebkuchengewürz, Backpulver und Milch dazugeben, gleichmäßig verrühren und in die vorbereitete Springform füllen.
- Den Backofen auf 175 °C vorheizen. Für den Belag die Mandarinen gut abtropfen lassen. Die Milch zum Kochen bringen. Sahne mit Puddingpulver und Zucker gut verrühren, zur Milch geben und aufkochen lassen. Vom Herd nehmen und mit Schmand verrühren. Die abgetropften Mandarinen auf dem Teig verteilen, dann die Puddingmasse auf die Mandarinen geben und glatt streichen.
- Kuchen anschließend im heißen Ofen (Mitte) 40 Minuten backen. Mit Pistazien bestreuen, erkalten lassen und nach dem Erkalten aus der Form nehmen.

Bratapfelkuchen

Für 1 Springform, 26 cm Durchmesser

etwas Butter für die Springform
etwas glutenfreies Mais-Paniermehl für die Springform

Für die Bratäpfel:
1 l Wasser
6 EL feiner Vollrohrzucker
8 – 12 kleine Äpfel
200 g Marzipanrohmasse

Für den Teig:
1 Vanilleschote oder 1 EL Vanillinzucker (siehe Seite 17)
200 g weiche Butter
200 g feiner Vollrohrzucker
5 frische Eier
150 g Maisstärke
150 g Amarantmehl
1 Päckchen glutenfreies Backpulver
1 TL Zimt, gemahlen
1 MSP Kardamom, gemahlen
1 Prise Gewürznelken, gemahlen
150 – 250 ml Milch
1 Prise Salz

100 g Mandelblättchen zum Bestreuen
Roh-Rohrpuderzucker zum Bestäuben

- Eine Springform fetten und mit Paniermehl ausstreuen.
- Für die Bratäpfel Wasser mit Zucker zum Kochen bringen. Die Äpfel schälen und die Kerngehäuse ausstechen. Dann im Zuckerwasser 10 Minuten köcheln und anschließend im Sud abkühlen lassen.
- Für den Teig mit einem Messer die Vanilleschote der Länge nach aufschneiden und das Mark herausnehmen. Butter mit Zucker und Vanillemark oder Vanillinzucker schaumig rühren. Nach und nach die Eier unterrühren. Maisstärke, Amarantmehl, Backpulver, Zimt, Kardamom und Gewürznelken durch ein Sieb zur Butter-Eier-Masse geben. Milch und Salz dazugeben und alles gleichmäßig verrühren.
- Den Backofen auf 175 °C vorheizen und den Teig gleichmäßig in die Form streichen. Die Äpfel aus dem Sud nehmen und mit der Marzipanrohmasse füllen. Anschließend gleichmäßig in den Teig setzen und eindrücken, bis sie fast ganz im Teig versunken sind. Kuchen mit den Mandelblättchen bestreuen und im heißen Ofen (Mitte) etwa 45 Minuten backen.
- Kuchen in der Form kurz abkühlen lassen, dann sehr vorsichtig aus der Form nehmen, mit Puderzucker bestäuben und auf einem Kuchengitter abkühlen lassen.

Feiner Nusskuchen

Für 1 Springform, 28 cm Durchmesser

Für die Nussmasse:
100 g Butter
100 g Ahornsirup oder Honig
80 g feiner Vollrohrzucker
250 g Nüsse, gehackt (Mandeln, Walnüsse, Pinienkerne)

Für den Teig:
200 g weiche Butter
130 g feiner Vollrohrzucker
1 Prise Salz
3 frische Eier
200 g Maisstärke
50 g Kastanienmehl
1 Päckchen glutenfreies Backpulver
100 g Marzipanrohmasse
150 g Quark
1 Vanilleschote oder 1 EL Vanillinzucker (siehe Seite 17)

Für die Glasur:
5 EL Aprikosenkonfitüre
2 EL Rum oder Wasser

- Für die Nussmasse Butter in einem Topf erhitzen, mit Ahornsirup oder Honig und Zucker schmelzen. Dabei ständig rühren. Nun die Nüsse gleichmäßig einrühren und den Topf von der heißen Herdplatte nehmen. Eine Springform mit Backpapier auslegen und die Masse einstreichen.
- Den Backofen auf 180 °C vorheizen. Für den Teig Butter mit Zucker und Salz schaumig rühren, nach und nach die Eier unterrühren. Maisstärke, Kastanienmehl und Backpulver durch ein Sieb zur Butter-Eier-Masse geben, zerkleinertes Marzipan und Quark dazugeben und verrühren. Mit einem Messer die Vanilleschote der Länge nach aufschneiden und das Mark herauslösen. Vanillemark oder Vanillinzucker zum Teig geben und gleichmäßig verrühren.
- Teig auf die Nussmischung streichen. Kuchen anschließend im heißen Ofen (Mitte) etwa 30 Minuten backen. Den Kuchen leicht abkühlen lassen, dann auf ein Kuchengitter stürzen und das Backpapier abziehen.
- Für die Glasur die Aprikosenkonfitüre leicht erwärmen und mit Rum oder Wasser verrühren. Den noch warmen Kuchen damit bestreichen und anschließend erkalten lassen.

Adventsapfelstern

Für 1 Sternkuchenform, 26 cm Durchmesser, 4 cm Tiefe

etwas Butter für die Backform
etwas glutenfreies Mais-Paniermehl für die Backform

Für den Teig:
2 Vanilleschoten oder 2 EL Vanillinzucker (siehe Seite 17)
200 g weiche Butter
200 g feiner Vollrohrzucker
3 frische Eier
150 g Kartoffelstärke
150 g Reisvollkornmehl
1 Päckchen glutenfreies Backpulver
200 ml Milch

Für die Apfelfüllung:
1 Vanilleschote oder 1 EL Vanillinzucker
700 g Äpfel
125 ml Apfelsaft
40 g feiner Vollrohrzucker
1 EL Spekulatiusgewürz
100 g Mandelblättchen

Für die Creme:
1 Vanilleschote oder 1 EL Vanillinzucker
100 ml Apfelsaft
100 g feiner Vollrohrzucker
1 TL Agar-Agar
500 g Quark

Für die Glasur:
200 g Roh-Rohrpuderzucker
1 MSP Zimt, gemahlen
2 EL heißes Wasser
2 EL Mandelblättchen

- Eine Sternkuchenform fetten und mit Paniermehl ausstreuen. Den Backofen auf 175 °C vorheizen. Mit einem Messer die Vanilleschoten für Teig, Apfelfüllung und Creme der Länge nach aufschneiden und das Mark herausnehmen.
- Für den Teig die Butter mit Zucker und Vanillemark oder Vanillinzucker schaumig rühren. Nach und nach die Eier unterrühren. Kartoffelstärke, Reismehl und Backpulver darübersieben, die Milch dazugeben und alles gleichmäßig verrühren.
- Den Teig in die Backform füllen, glatt streichen und im heißen Ofen (Mitte) etwa 40 Minuten backen. Leicht abkühlen lassen, vorsichtig aus der Form nehmen und auf einem Kuchengitter vollständig erkalten lassen.
- Für die Apfelfüllung die Äpfel schälen, Kerngehäuse entfernen und die Apfelviertel klein schneiden. Apfelstücke mit Apfelsaft in einem Topf bei mittlerer Hitze einige Minuten garen. Zucker und Spekulatiusgewürz unterrühren und weiterrühren, bis sich der Zucker aufgelöst hat. Vanillemark oder Vanillinzucker einrühren und den Topf von der Herdplatte nehmen. Mandelblättchen in einer kleinen Pfanne ohne Fett kurz anrösten und mit der Apfelmasse vermengen.
- Für die Creme den Apfelsaft erhitzen. Zucker, Vanillemark oder Vanillinzucker und Agar-Agar mischen und in den leicht kochenden Apfelsaft einrühren. Kurz aufkochen, abkühlen lassen und mit dem Quark verrühren.
- Kuchen quer halbieren und die obere Hälfte zur Seite legen. Die Apfelmasse gleichmäßig auf der unteren Hälfte verteilen und glatt streichen. Anschließend die Quarkmasse darauf verteilen und glatt streichen. Kuchendeckel auflegen und Kuchen 2 Stunden kalt stellen.
- Für die Glasur Puderzucker mit Zimt und etwas heißem Wasser glatt verrühren und gleichmäßig auf den Kuchen streichen. Mandelblättchen mittig aufstreuen und den Kuchen bis zum Verzehr kalt stellen.

Vanilleschnitten

Für 1 Backblech, 40 × 30 cm

Für den Teig:
2 Vanilleschoten oder 2 EL Vanillinzucker (siehe Seite 17)
6 frische Eier
300 g Marzipanrohmasse
75 g weiche Butter
140 g feiner Vollrohrzucker
1 Prise Salz
150 g Maisstärke
1 TL glutenfreies Backpulver

Für die Creme:
300 g Vollmilchkuvertüre oder dunkle Kuvertüre (siehe Seite 18)
1 TL Lebkuchengewürz
3 EL Mascarpone
1 EL Rum oder Milch

nach Belieben Vollmilchschokolade, geraspelt, zum Garnieren

- Den Backofen auf 160 °C vorheizen und ein Backblech mit Backpapier oder Dauerbackfolie belegen.
- Für den Teig mit einem Messer die Vanilleschoten der Länge nach aufschneiden und das Mark herauslösen. Die Eier trennen. Eigelbe, Vanillemark oder Vanillinzucker, zerkleinerte Marzipanrohmasse, Butter und Zucker cremig rühren. Die Eiweiße mit der Prise Salz zu steifem Schnee schlagen und auf der Eigelbmasse verteilen, aber noch nicht unterheben. Maisstärke und Backpulver darübersieben und jetzt alles vorsichtig vermischen.

- Teig auf dem vorbereiteten Backblech verteilen und im heißen Ofen (Mitte) 30 Minuten backen. Den Kuchen aus dem Ofen nehmen, leicht abkühlen lassen, auf ein Kuchengitter stürzen und das Backpapier abziehen. Nun das Gebäck erkalten lassen.
- In der Zwischenzeit für die Creme die Kuvertüre bei mäßiger Temperatur im Wasserbad schmelzen und mit Lebkuchengewürz, Mascarpone und Rum oder Milch verrühren. Die Masse etwa 1 Stunde kalt stellen.
- Jetzt den erkalteten Teig waagrecht halbieren. Die Hälfte der Creme in einen Spritzbeutel füllen. Die andere Hälfte gleichmäßig auf die untere Teigplatte streichen. Die obere Teigplatte aufsetzen.
- Nun den Kuchen in gewünschte Stücke schneiden und die restliche Creme aus dem Spritzbeutel auf die Schnitten spritzen. Wer möchte, kann diese noch mit Raspelschokolade garnieren. Anschließend kalt stellen.

Birnenschnitten

Für 1 Backblech, 40 × 30 cm

Für den Teig:
2 Vanilleschoten oder 2 EL Vanillinzucker (siehe Seite 17)
100 g Zartbitterschokolade
200 g weiche Butter
200 g feiner Vollrohrzucker
4 frische Eier
200 g Maisstärke
100 g Kastanienmehl
50 g Carobpulver oder Kakaopulver
1 Päckchen glutenfreies Backpulver
200 ml Milch

Für die Creme:
2 Vanilleschoten oder 2 EL Vanillinzucker
450 ml Schlagsahne
600 g Schmand (saure Sahne)
40 g Roh-Rohrpuderzucker
1 EL Maisstärke
2 EL Birnensaft

800 g Birnen aus dem Glas
Kakaopulver zum Bestäuben

- Den Backofen auf 175 °C vorheizen und ein Backblech mit Backpapier oder Dauerbackfolie belegen. Mit einem Messer die Vanilleschoten für den Teig und die Creme der Länge nach aufschneiden und das Mark herausnehmen.
- Für den Teig die Schokolade klein hacken. Die Butter mit Zucker und Vanillemark oder Vanillinzucker cremig rühren. Nacheinander die Eier dazugeben und schaumig rühren. Maisstärke, Kastanienmehl, Carobpulver oder Kakaopulver und Backpulver darübersieben. Die Milch dazugeben und alles gleichmäßig verrühren. Dann die gehackte Schokolade untermischen.
- Den Teig gleichmäßig auf das vorbereitete Backblech streichen. Anschließend im heißen Ofen (Mitte) etwa 30 Minuten backen. Kuchen leicht erkalten lassen, auf ein Kuchengitter stürzen und das Backpapier abziehen.
- Für die Creme die Sahne in flüssiger Form mit Schmand, Puderzucker, Maisstärke, Vanillemark oder Vanillinzucker und Birnensaft verrühren.
- Die Birnen gut abtropfen lassen, in dünne Spalten schneiden und auf dem Kuchen verteilen. Nun die Creme mit einem Löffel auf den Kuchen streichen und verzieren. Kuchen mit etwas Kakaopulver bestäuben, in gewünschte Schnitten schneiden und kalt stellen.

Preiselbeertarte

Für 1 Springform oder Tarteform, 26 cm Durchmesser

etwas Butter für die Backform
eventuell etwas glutenfreies Mais-Paniermehl für die Backform
100 g weiche Butter
100 g feiner Vollrohrzucker
3 frische Eier
125 g Mandeln, gemahlen
60 g Zartbitterschokolade, fein gehackt, oder Schokoladenstreusel
70 g Maisstärke
1 TL glutenfreies Backpulver
1 EL Spekulatiusgewürz

Für den Belag:
3 frische Eiweiß
150 g Roh-Rohrpuderzucker
etwa 400 g Preiselbeeren aus dem Glas

- Eine Springform oder Tarteform fetten und gegebenenfalls (vor allem bei einer Springform) mit Paniermehl ausstreuen.
- In einer Schüssel Butter mit Zucker, Eiern, Mandeln, Schokostreuseln, Maisstärke, Backpulver und Spekulatiusgewürz zu einem Knetteig verarbeiten. Die Backform mit dem Teig auslegen, dabei einen 1,5 cm hohen Rand formen. Im Kühlschrank abgedeckt 20 Minuten kalt stellen.
- Den Backofen auf 180 °C vorheizen. Für den Belag die Eiweiße zu sehr steifem Schnee schlagen. Den Puderzucker darübersieben, unterrühren und die Masse in einen Spritzbeutel mit Lochtülle füllen.
- Die Preiselbeeren gut abtropfen lassen, gleichmäßig auf dem Tarteboden verteilen und glatt streichen. Mit dem Spritzbeutel kleine Hügelchen aus Eiweißmasse auf die Tarte spritzen. Kuchen anschließend im heißen Ofen (Mitte) etwa 30 Minuten backen und danach gut abkühlen lassen (im Falle einer Tarteform zum Abkühlen in der Form lassen, bei einer Springform den Kuchen in der Form etwas abkühlen lassen, dann vorsichtig den Rand lösen, den Kuchen vom Formboden lösen und vollständig abkühlen lassen).

Gewürzbällchen

Ergibt etwa 20 Stück

25 g weiche Butter
80 g feiner Vollrohrzucker
3 frische Eier
200 g Maisstärke
50 g Amarantmehl
1 Päckchen glutenfreies Backpulver
2 EL Carobpulver oder Kakaopulver
1 Prise Salz
1 TL Zimt, gemahlen
1 MSP Ingwer, gemahlen
1 MSP Kardamom, gemahlen
250 ml Milch
natives Kokosöl oder Kokosfett zum Frittieren
Roh-Rohrpuderzucker zum Bestäuben

- Mit einem Handrührgerät Butter und Zucker cremig rühren. Nacheinander die Eier dazugeben und schaumig rühren. Maisstärke, Amarantmehl, Backpulver und Carobpulver oder Kakaopulver darübersieben. Salz, Gewürze und Milch dazugeben, alles verrühren und anschließend 30 Minuten kalt stellen.
- Das Fett zum Frittieren in einem hohen Topf erhitzen. Mithilfe eines Teelöffels kleine Kugeln aus dem Teig entnehmen und diese nacheinander im heißen Fett frittieren. Nicht zu viele auf einmal, weil sie beim Frittieren aufgehen. Bällchen auf Küchenkrepp gut abtropfen lassen und mit Puderzucker bestäuben.

Spekulatius-Käsekuchen-Muffins

Ergibt etwa 12 Muffins

etwas Butter für das Muffinbackblech

Für den Teig:
1 Vanilleschote oder 1 EL Vanillinzucker (siehe Seite 17)
100 g Maisstärke
25 g Teffmehl
1 Päckchen glutenfreies Backpulver
40 g feiner Vollrohrzucker
1 frisches Ei
75 g weiche Butter

Für die Füllung:
1 Vanilleschote oder 1 EL Vanillinzucker
200 g Quark
1 frisches Ei
5 EL Milch
2 EL natives Kokosöl
25 g Maisstärke
1 EL Spekulatiusgewürz

- Ein Muffinbackblech für 12 Muffins fetten. Mit einem Messer die Vanilleschoten für Teig und Füllung der Länge nach aufschneiden und das Mark herauskratzen.
- Für den Teig Maisstärke mit Teffmehl, Backpulver, Zucker, Vanillemark oder Vanillinzucker, Ei und Butter gleichmäßig verkneten. Die Vertiefungen des Muffinbackbleches am Boden und Rand jeweils mit etwas Teig auslegen. Den Backofen auf 190 °C vorheizen.
- Für die Füllung Quark mit Ei, Milch, Öl, Maisstärke, Vanillemark oder Vanillinzucker und Spekulatiusgewürz verrühren und auf die Muffinförmchen verteilen.
- Muffins anschließend im heißen Ofen (Mitte) etwa 15 Minuten backen. Aus dem Backblech nehmen und auf einem Kuchengitter erkalten lassen.

Gefüllte Lebkuchenmuffins

Ergibt etwa 20 kleinere Muffins

1 Vanilleschote oder 1 EL Vanillinzucker (siehe Seite 17)
250 g weiche Butter
250 g feiner Vollrohrzucker
4 frische Eier
200 g Maisstärke
200 g Reisvollkornmehl
1 Päckchen glutenfreies Backpulver
1 EL Lebkuchengewürz
200 ml Buttermilch
100 g Marzipanrohmasse
Roh-Rohrpuderzucker zum Bestäuben

- Den Backofen auf 180 °C vorheizen und etwa 20 Vertiefungen von einem oder zwei Muffinbackblechen mit Papierförmchen bestücken.
- Mit einem Messer die Vanilleschote der Länge nach aufschneiden und das Mark herausnehmen. Butter mit Zucker und Vanillemark oder Vanillinzucker cremig rühren. Nacheinander die Eier dazugeben und schaumig rühren. Maisstärke, Reismehl, Backpulver und Lebkuchengewürz darübersieben. Buttermilch zugeben und alles gleichmäßig mit dem Handrührgerät verrühren.
- Die Marzipanrohmasse etwas zerkleinern und im Wasserbad leicht erwärmen, um sie geschmeidiger zu machen. Dann unter die Teigmasse heben. Jedes Muffinbackförmchen zu drei Vierteln mit Teig füllen. Muffins anschließend im heißen Ofen (Mitte) etwa 20 Minuten backen. Muffins aus dem Backblech nehmen, auf einem Kuchengitter mit Puderzucker bestäuben und abkühlen lassen.

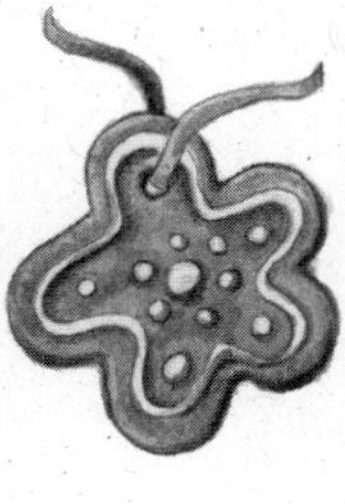

Leckereien & Geschenkideen

Gebrannte Ingwer-Zimt-Mandeln

400 g Mandeln
15 g frische Ingwerwurzel
1 EL Zimt, gemahlen
8 EL feiner Vollrohrzucker

- Die Mandeln mit kochendem Wasser überbrühen und anschließend die dünnen Häutchen abziehen. Ingwer schälen, fein zerkleinern und mit Zimt vermischen.
- Den Zucker in einem Topf erhitzen, bis er anfängt zu karamellisieren. Mandeln und Ingwer-Zimt-Mischung zugeben, gleichmäßig unterrühren. So lange weiterrühren, bis der gesamte Zucker karamellisiert ist.
- Von der heißen Herdplatte nehmen und die Mandeln im Topf leicht abkühlen lassen. Anschließend auf einem Backpapier komplett auskühlen lassen.

Die Geburt Jesu in Bethlehem
ist keine einmalige Geschichte,
sondern ein Geschenk,
das immer bleibt.

Martin Luther

Knusperchen

Ergibt etwa 25 Stück

200 g Vollmilchkuvertüre,
dunkle Kuvertüre (siehe Seite 18) oder weiße Kuvertüre
(siehe Seite 18 für selbst gemachte weiße Kuvertüre)
1 EL Amaretto oder ½ Fläschchen Bittermandelaroma
100 g Vollkorn-Maisflakes
100 g Vollkorn-Puffreis
100 g Mandelsplitter

- Die Kuvertüre bei mäßiger Temperatur im Wasserbad schmelzen. Den Amaretto oder das Bittermandelaroma unterrühren und die Kuvertüre mit Maisflakes, Puffreis und Mandelsplittern gleichmäßig vermischen.
- Eine großes Brett oder einen flachen Teller mit Backpapier belegen. Mithilfe von zwei Teelöffeln kleine Häufchen der Masse auf das Backpapier setzen. Etwas erkalten lassen und anschließend zum vollständigen Durchhärten mindestens 2 Stunden in den Kühlschrank stellen.

Dattel-Feigen-Knusperhaufen

Ergibt etwa 20 Stück

100 g dunkle Kuvertüre (siehe Seite 18) oder Zartbitterkuvertüre
2 getrocknete Feigen
3 getrocknete Datteln
5 EL Vollkorn-Maisflakes
1 EL Mandelblättchen

- Die Kuvertüre bei mäßiger Temperatur im Wasserbad schmelzen.
- Von den getrockneten Feigen die Strünke entfernen, bei den Datteln gegebenenfalls die Steine entnehmen. Die Feigen und Datteln klein schneiden.
- Die geschmolzene Kuvertüre mit den Maisflakes, Datteln, Feigen und Mandelblättchen vorsichtig vermischen.
- Ein großes Brett oder einen flachen Teller mit Backpapier belegen und mithilfe von zwei Teelöffeln kleine Haufen der Schoko-Knusper-Masse darauf verteilen. Kurz abkühlen lassen und anschließend im Kühlschrank über Nacht komplett aushärten lassen.

Glühweinzwerge

Ergibt 6 bis 8 Stück

150 g glutenfreie Kuchenreste
6 EL kalter Glühwein oder Holunderbeersaft
60 g dunkle Kuvertüre (siehe Seite 18) oder Zartbitterkuvertüre

Für die Glasur:
200 g dunkle Kuvertüre oder Zartbitterkuvertüre
1 TL Spekulatiusgewürz

- Die Kuchenreste fein zerbröseln, mit Glühwein oder Holunderbeersaft verkneten und kurz durchziehen lassen. Die Kuvertüre (60 g) bei mäßiger Temperatur im Wasserbad schmelzen. Kuchenmasse gleichmäßig mit der geschmolzenen Kuvertüre vermengen und kalt stellen.
- Anschließend die Kuvertüre (200 g) für die Glasur bei mäßiger Temperatur im Wasserbad schmelzen und mit Spekulatiusgewürz verrühren.
- Aus der gekühlten Schokoladenmasse kleine Zwergenmützen oder Zipfelmützen formen und in die geschmolzene Kuvertüre tauchen. Auf einem Kuchengitter abtropfen und die Kuvertüre aushärten lassen.

Rumkugeln

Ergibt etwa 20 Stück

150 g glutenfreie Kuchenreste oder Kekse
3 EL Milch
1 Fläschchen Rumaroma
60 g dunkle Kuvertüre (siehe Seite 18) oder Zartbitterkuvertüre
Kakaopulver zum Wälzen

- Die Kuchenreste oder Kekse fein zerbröseln und mit Milch und Rumaroma gleichmäßig vermengen. Die Kuvertüre bei mäßiger Temperatur im Wasserbad schmelzen, gleichmäßig mit der Kuchenmasse vermischen und kalt stellen. Anschließend die erkaltete Masse zu kirschgroßen Kugeln formen und in Kakaopulver wälzen.

Nougatkugeln

Ergibt etwa 20 Stück

200 g Marzipanrohmasse
100 g Roh-Rohrpuderzucker
50 g Nougatmasse (siehe Seite 19 für selbst gemachte Nougatmasse)
40 g Mandeln, gehackt
200 g Vollmilchkuvertüre
oder dunkle Kuvertüre (siehe Seite 18) für die Glasur

- Die Marzipanrohmasse mit gesiebtem Puderzucker in einer Schüssel gleichmäßig verkneten. Die Nougatmasse leicht erwärmen, sodass sie geschmeidiger wird, und mit den gehackten Mandeln verkneten.
- Aus der Nougat-Mandel-Masse kirschkerngroße Kugeln formen und jeweils mit einem Marzipanmantel außen herum zu kirschgroßen Kugeln formen.
- Für die Glasur die Kuvertüre bei mäßiger Hitze im Wasserbad schmelzen und die Kugeln gleichmäßig darin eintauchen. Anschließend auf einem Kuchengitter abtropfen und die Kuvertüre fest werden lassen.

Dominosteine

Ergibt etwa 20 Stück

Für den Teig:
1 Vanilleschote oder 1 EL Vanillinzucker (siehe Seite 17)
125 g weiche Butter
125 g feiner Vollrohrzucker
225 g Maisstärke
30 g Mandeln, gemahlen
5 EL Kakaopulver
3 TL glutenfreies Backpulver
3 – 5 EL Milch

Für die Füllung und Glasur:
etwa 150 g Johannisbeergelee
200 g Marzipanrohmasse
100 g Roh-Rohrpuderzucker
200 g Vollmilchkuvertüre oder dunkle Kuvertüre (siehe Seite 18)
etwa 150 g weiße Kuvertüre
(siehe Seite 18 für selbst gemachte weiße Kuvertüre)

- Den Backofen auf 200 °C vorheizen und ein Backblech mit Backpapier oder Dauerbackfolie belegen. Für den Teig mit einem Messer die Vanilleschote der Länge nach aufschneiden und das Mark herausnehmen. Die Butter mit Zucker, Vanillemark oder Vanillinzucker, Maisstärke, Mandeln, Kakaopulver, Backpulver und Milch in einer Schüssel gut verrühren. Teig auf das vorbereitete Backblech streichen und im heißen Ofen (Mitte) 15 Minuten backen.

- Den gebackenen Teig quer halbieren, sodass zwei dünne Teigplatten entstehen. Das Johannisbeergelee leicht erwärmen. Eine Teigplatte mit der Hälfte des Johannisbeergelees bestreichen.
- Marzipan mit gesiebtem Puderzucker verkneten, gleichmäßig in Größe der Teigplatte ausrollen und auf die Geleeschicht legen. Die Marzipanplatte mit dem restlichen Gelee bestreichen und mit der zweiten Teigplatte belegen.
- Den Kuchen in dominosteingroße Würfel schneiden.
- Die Vollmilchkuvertüre oder dunkle Kuvertüre bei mäßiger Temperatur im Wasserbad schmelzen. Die geschnittenen Dominosteine darin eintauchen und auf einem Kuchengitter abtropfen und die Kuvertüre fest werden lassen.
- Zum Schluss die weiße Kuvertüre bei mäßiger Temperatur im Wasserbad schmelzen und mithilfe einer Garnierspritze Würfelaugen wie bei Dominospielsteinen auf die Kuchenwürfel aufbringen.

Karamellbonbons

3 Vanilleschoten oder 3 EL Vanillinzucker (siehe Seite 17)
250 g feiner Vollrohrzucker
80 g Rapshonig
250 ml Schlagsahne
1 EL Butter
Öl für das Backpapier

- Mit einem Messer die Vanilleschoten der Länge nach aufschneiden und das Mark herausnehmen. Vanillemark oder Vanillinzucker mit Zucker und Honig in einem Topf vorsichtig schmelzen und karamellisieren. In einem anderen Topf die Sahne aufkochen. Wenn die Sahne kocht, die karamellisierte Zuckermasse vorsichtig zur Sahne geben.
- Die Masse unter ständigem Rühren weiterkaramellisieren lassen und die Butter einrühren. Je länger man rührt, desto fester wird das Bonbon. Masse vom Herd nehmen und etwas abkühlen lassen. Eine Fettpfanne mit Backpapier auslegen, das Papier mit Öl bestreichen und die Masse gleichmäßig auf dem Papier verteilen.
- Wenn die Masse lauwarm ist, in 1 cm große Würfel schneiden und mit den Händen zu Bonbons formen. Vollständig erkalten lassen und die Stücke in Zellophanfolie einwickeln.

Zuckerstangen

20 g Honig
140 g feiner Vollrohrzucker
70 g Konfitüre
Öl für das Backpapier und die Hände

- In einem Topf Honig und Zucker vermischen und erhitzen. Unter ständigem Rühren die Zucker-Honig-Mischung langsam schmelzen und anschließend karamellisieren lassen.
- Konfitüre dazugeben und weiterrühren, bis das Wasser verdampft ist. Auf einen Porzellanteller einen kleinen Klecks der heißen Masse geben, um zu prüfen, ob sie fest wird (die Masse sollte auf dem Teller sofort anziehen und beginnen auszuhärten; die Dauer der Kochzeit, bis die Masse fertig ist, hängt auch vom Wassergehalt der Konfitüre ab, Gelees brauchen aufgrund ihres meist höheren Wassergehalts länger). Wenn die Masse noch nicht fest wird, weiterrühren, weiterkochen und erneut prüfen. Wenn sie fest wird, vom Herd nehmen und im Topf leicht abkühlen lassen. Ein Holzbrett mit Backpapier belegen und mit Öl bestreichen. Die Masse auf das Papier gießen und glatt streichen.
- Etwas weiter abkühlen lassen, dann mit einem Messer kleine Stücke abtrennen und mit leicht geölten Händen Zuckerstangen daraus formen.

Christbaumschmuck aus Schokolade

1 Vanilleschote oder 1 EL Vanillinzucker (siehe Seite 17)
100 g natives Kokosöl oder Kokosfett
100 g Roh-Rohrpuderzucker
50 g Kakaopulver
30 g Maisstärke
500 g feiner Vollrohrzucker für die Gießform

- Mit einem Messer die Vanilleschote der Länge nach aufschneiden und das Mark herausnehmen. Das Kokosöl oder Kokosfett im Wasserbad bei mäßiger Hitze schmelzen. Anschließend mit einem Handrührgerät das geschmolzene Fett vorsichtig mit Puderzucker, Kakaopulver, Stärke und Vanillemark oder Vanillinzucker glatt verrühren.
- Den Zucker für die Gießform gleichmäßig auf einem großen Teller oder Backblech verteilen und glatt ziehen. Mit dem Finger oder einem Löffelstiel eine oder mehrere kringelförmige Gießform(en) in den Zucker malen, sodass nach dem Guss ein Ring entsteht mit einem Loch in der Mitte, durch das später ein Band gezogen werden kann, an dem man den Ring an den Christbaum hängen kann.
- Nun die Gießform(en) mit der Schokoladenmasse vorsichtig und langsam ausgießen (bei nur einer Gießform in mehreren Arbeitsgängen arbeiten). Im Kühlschrank vollständig erkalten und fest werden lassen, bevor man die Stücke aus dem Zuckerbett nimmt. Jetzt noch mit einem Band nach Wunsch versehen.

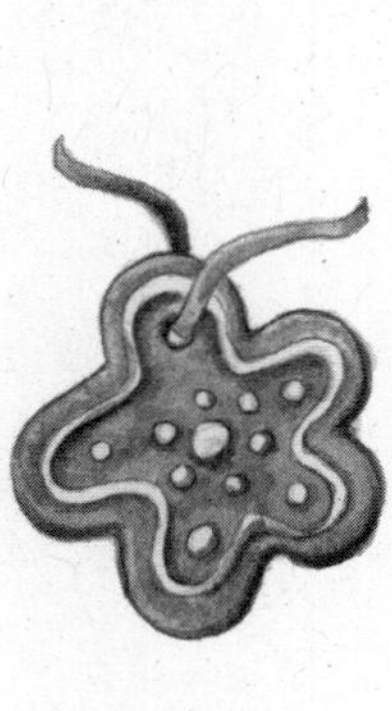

Gefüllte Marzipankartoffeln

Ergibt etwa 50 Stück

300 g Marzipanrohmasse
170 g Roh-Rohrpuderzucker
etwa 50 Mandeln
Kakaopulver zum Wälzen

- Die Marzipanrohmasse gleichmäßig mit dem gesiebtem Puderzucker verkneten. Mandeln mit heißem Wasser überbrühen und anschließend die dünnen Häutchen abziehen.
- Marzipanmasse zu kleinen Kartoffeln formen und jeweils 1 Mandel in die Kartoffelmitte drücken.
- Die Marzipankartoffeln in Kakaopulver wälzen, sodass sie rundum überzogen sind, und bis zum Verzehr im Kühlschrank aufbewahren.

Beschwipste Datteln

Ergibt etwa 30 Stück

100 g Mandeln, gemahlen
30 g Marzipanrohmasse
2 EL Rum oder Orangenblütenwasser
etwa 30 getrocknete Datteln

- In einer Schüssel die Mandeln mit der Marzipanrohmasse und dem Rum oder Orangenblütenwasser gleichmäßig verkneten. Wenn die Masse zu trocken und bröselig ist, mehr Rum oder Orangenblütenwasser zugeben, bis sie geschmeidig ist.
- Mit einem Messer vorsichtig die Datteln der Länge nach aufschneiden und die Steine entnehmen. Anschließend die Datteln mit der Mandelmasse füllen und bis zum Verzehr im Kühlschrank aufbewahren.

Marzipanpralinen

Ergibt etwa 20 Stück

60 g Marzipanrohmasse
80 g Roh-Rohrpuderzucker
30 g Mandeln, gemahlen
50 g dunkle Kuvertüre (siehe Seite 18) oder Zartbitterkuvertüre
50 g Butter
1 EL Kakaopulver
1 EL Schlagsahne

Für die Verzierung:
300 g dunkle Kuvertüre oder Zartbitterkuvertüre

- Das Marzipan mit 30 g Puderzucker und den Mandeln verkneten. Zwischen zwei Backpapierblättern etwa 0,5 cm dick zu einem Rechteck ausrollen. Die Kuvertüre bei mäßiger Temperatur im Wasserbad schmelzen. Mit einem Handrührgerät die Butter mit 50 g Puderzucker und dem Kakaopulver schaumig schlagen.
- Nach und nach die geschmolzene Kuvertüre und die Sahne zur Butter-Zucker-Masse geben. Die Creme gleichmäßig verrühren und glatt auf die Marzipanplatte streichen. Alles über Nacht im Kühlschrank aushärten lassen und anschließend in Rechtecke von 2 × 3 cm Größe schneiden.
- Für die Verzierung die Kuvertüre bei mäßiger Temperatur im Wasserbad schmelzen und mithilfe eines Löffels und schneller Handbewegung die Pralinen gitterförmig damit verzieren. Bis zum Verzehr im Kühlschrank aufbewahren.

Tipp: Die Pralinen lassen sich auch mithilfe einer würfelförmigen Pralinenform herstellen (siehe Tipp nächste Seite). Dazu sollte die Form zuerst mit geschmolzener Kuvertüre gefüllt werden. Sobald die Masse auszuhärten beginnt, die Kuvertüre aus der Form gießen. In der Form sollte ein Überzug aus Kuvertüre, der Pralinenmantel, zurückbleiben. Nun die Mandelmasse zubereiten und die Vertiefungen der Form bis maximal zur Hälfte damit füllen. Die Creme zubereiten, auf die Mandelschicht geben und alles über Nacht im Kühlschrank aushärten lassen. Anschließend die Pralinen mit geschmolzener Kuvertüre verschließen.

Lebkuchenpralinen

Ergibt etwa 9 Stück

220 g dunkle Kuvertüre (siehe Seite 18) oder Zartbitterkuvertüre
80 ml Schlagsahne
25 g Butter
200 g weiße Kuvertüre
(siehe Seite 18 für selbst gemachte weiße Kuvertüre)
1 EL Lebkuchengewürz

außerdem: *Pralinengießform für etwa 9 Pralinen*

- Die dunkle Kuvertüre bei mäßiger Temperatur im Wasserbad schmelzen und die Pralinengießform mit einem Teil davon ausstreichen. Kuvertüre in der Pralinenform aushärten lassen, die Form erneut mit einem Teil der Kuvertüre ausstreichen und fest werden lassen. Restliche dunkle Kuvertüre zur Seite stellen.
- Die Sahne in einem Topf kurz aufkochen lassen, vom Herd nehmen und Butter und weiße Kuvertüre darin schmelzen lassen. Das Lebkuchengewürz einrühren und die Creme so weit abkühlen lassen, dass sie die eingestrichene Kuvertüre in der Form nicht mehr schmelzen kann.
- Die abgekühlte Creme in die Form gießen und fest werden lassen.
- Nun die zur Seite gestellte dunkle Kuvertüre nochmals im Wasserbad schmelzen und die ausgehärteten Pralinen damit bedecken.

Tipp: Pralinengießformen sind meist rund oder eckig, aus lebensmittelechtem Silikon, temperaturfest von minus 30 °C bis 230 °C und damit backofen- und gefriergeeignet. Sie können in der Spülmaschine gereinigt werden. Vor dem ersten Verwenden die Silikonform mit heißem Wasser ausspülen, abklopfen und trocknen lassen. Die Schokoladenmasse für den Pralinenüberzug im Wasserbad immer bei schwacher Hitze und langsam schmelzen lassen. Durch das langsame Schmelzen bei niedriger Temperatur bekommen die Pralinen auch den schönen Glanz.

Glögg

Ergibt etwa 1 Liter Glögg

20 g frische Ingwerwurzel
1 Zimtstange
1 MSP Kardamom, gemahlen
2 Gewürznelken
1 l Apfelsaft
2 EL Honig
Mandeln (1 pro Glas Glögg)
getrocknete Datteln (1 pro Glas Glögg)

- Den Ingwer schälen und grob zerkleinern. Ein Leinensäckchen oder Teebeutelchen mit Zimt, Kardamom, Ingwer und Nelken in einem großen Topf mit dem Apfelsaft erhitzen und 5 Minuten durchziehen lassen. Muss nicht kochen!
- Anschließend das Gewürzsäckchen aus dem Saft nehmen. Saft mit Honig verfeinern und gut umrühren, bis sich der Honig aufgelöst hat.
- Die Mandeln mit heißem Wasser überbrühen und anschließend die dünnen Häutchen entfernen. Die Datteln mit einem Messer der Länge nach vorsichtig aufschneiden und die Steine gegen die Mandeln tauschen.
- Jeweils eine gefüllte Dattel in ein Glas geben und mit dem warmen Saft auffüllen. Oder die gefüllten Datteln in eine vorbereitete Geschenkflasche füllen und mit dem Saft aufgießen.

Lebkuchenlikör

Ergibt etwa 0,75 Liter Likör

6 EL Schokocreme
(als Brotaufstrich fertig gekauft oder selbst gemacht, siehe Tipp)
2 EL Lebkuchengewürz
5 EL Roh-Rohrpuderzucker
350 ml Schlagsahne
120 ml Korn
80 ml Whisky

- Schokocreme mit Lebkuchengewürz, Puderzucker und Sahne in einem hohen Gefäß mit dem Pürierstab verrühren. Alles zu einer gleichmäßigen und klumpenfreien Masse pürieren.
- Während des Rührens nach und nach Korn und Whisky einfließen lassen. Gleichmäßig vermischen und anschließend in vorbereitete Flaschen abfüllen.

Tipp: Für 400 g Schokocreme 100 g zerkleinerte Schokolade (mit mindestens 35 Prozent Kakaoanteil) in 100 ml warmer Milch langsam schmelzen lassen. Dann 130 g Erdnussmus, 90 g Honig sowie 1 EL Vanillezucker oder Vanillinzucker gleichmäßig unterrühren. Die Schokocreme eignet sich gut als Brotaufstrich und hält sich in einem verschlossenen Glas im Kühlschrank etwa zwei Wochen.

Die Autorin

Anja Völkel wurde in der Rhön geboren. Heute lebt sie mit ihrer Familie an der Ostseeküste in Schleswig-Holstein. Ihre Leidenschaft für das Kochen und Backen begleitet sie seit ihrer Kindheit. Bereits in jungen Jahren brachte ihr die Mutter vieles aus dem reichen Erfahrungsschatz ihrer Schwiegereltern, die eine eigene Bäckerei in der Rhön betrieben, bei. So wurde das traditionelle Wissen des Handwerkes ansatzweise weitergegeben.

Durch jahrelange Mitarbeit in einer Apotheke mit Ernährungsberatung konnte Anja Völkel ihr Wissen über gesunde Ernährung vertiefen. Gesundheitsbewusste Ernährung und die damit verbundene bewusste Auswahl sowie schmackhafte Zubereitung der Lebensmittel sind für sie der Schlüssel zu Gesundheit und Wohlbefinden.

Im pala-verlag sind von Anja Völkel außer diesem Titel die Bücher »Quinoa – Korn der Anden« und »Buchweizen – das Powerkorn« erschienen.

Verzeichnis der Rezepte

Vegetarisch, vollwertig, köstlich

Angelika Eckstein:
Vegane Weihnachtsbäckerei
ISBN: 978-3-89566-275-1

Lena Brorsson Alminger:
Vegetarische Jul
ISBN: 978-3-89566-245-4

Wolfgang Hertling:
Kochen mit Hirse
ISBN: 978-3-89566-260-7

Jutta Grimm:
Magisch fix
ISBN: 978-3-89566-373-4

Glutenfrei mit Buchweizen, Quinoa und Co.

Anja Völkel:
Quinoa – Korn der Anden
ISBN: 978-3-89566-350-5

Anja Völkel:
Buchweizen – das Powerkorn
ISBN: 978-3-89566-361-1

Simone Stefka:
Glutenfrei backen
ISBN: 978-3-89566-226-3

Alexander Neukert:
Glutenfrei vegan
ISBN: 978-3-89566-362-8

Ernährungsratgeber

Roswitha Stracke:
Nickelallergie
ISBN: 978-3-89566-332-1

Nadja Schäfers:
Histaminarm kochen – vegetarisch
ISBN: 978-3-89566-263-8

Anna Lena Böckel, Uwe Schröder, Günter Wagner:
Fit mit Kokos
ISBN: 978-3-89566-356-7

Beate Schmitt:
Ohne Milch und ohne Ei
ISBN: 978-3-89566-347-5

Andere Bücher aus dem pala-verlag

Werner David:
Fertig zum Einzug:
Nisthilfen für Wildbienen
ISBN: 978-3-89566-358-1

Jutta Grimm:
Statt Plastik
ISBN: 978-3-89566-348-2

Uwe Westphal:
Mehr Platz für den Spatz!
ISBN: 978-3-89566-353-6

Christina Mann:
Kraftsträuße
ISBN: 978-3-89566-354-3

Gesamtverzeichnis bei:
pala-verlag, Rheinstraße 35, 64283 Darmstadt, www.pala-verlag.de

ISBN: 978-3-89566-338-3

2. Auflage 2017
Rheinstraße 35, 64283 Darmstadt
www.pala-verlag.de

Umschlag- und Innenillustrationen: Lisa Apfelbacher

Lektorat: Angelika Eckstein

Druck und Bindung: Druckhaus Nomos, Sinzheim
www.nomos-druck.de
Printed in Germany

Gedruckt auf
100% Recyclingpapier